MARIA EDWARDS

COMO PREPARARTE PARA TU PROPIA MUERTE

Aviso a Bibliotecarios: La catalogación bibliográfica de este libro se encuentra en la base de datos de la Biblioteca y Archivos del Canadá. Estos datos se pueden obtener a través de la siguiente página web: www.collectionscanada.ca/amicus/index-e.html
ISBN 1-4251-0744-3

EDITORIAL
TRAFFORD
Oficinas en Estados Unidos, Canadá, Reino Unido e Irlanda

Venta de libros en América del Norte y al extranjero:
Editorial Trafford, 6E-2333 Government St.
Victoria, BC V8T 4P4 CANADÁ
Teléfono: 250 383 6864 (llamadas sin cargo: 1 888 232 4444)
Fax: 250 383 6804; email: pedidos@trafford.com
Venta de libros en Europa
Trafford Publishing (UK) Limited, 9 Park Street, 2nd Floor
Oxford, UK OX1 1HH UNITED KINGDOM
Teléfono: +44 (0)1865 722 113 (tarifa local 0845 230 9601)
facsimile +44 (0)1865 722 868; pedidos.ru@trafford.com
Pedidos por Internet:
Trafford.com/06-2502

10 9 8 7 6 5 4 3 2

Dedicatoria

A las razones de mi vida:
Mis hijos, Guillermo y Jesús;
mis padres, Rubén y Lulula;
mis hermanos: Leandro, Rubén, Luis, Antonio
y sus respectivas familias,
a Rosanela y Xavier;
a mi primo hermano Humberto;
a mi esposo Richard;
a nuestro buen Señor Jesús.

Agradecimiento

A mi esposo Richard por su profundo amor, paciencia y apoyo constantes; a Gioconda Inman por su incansable estímulo y amistad incondicional y a su equipo de trabajo por su profesionalismo y creatividad al diseñar la portada, contraportada y las páginas interiores del libro; a Blanquita Santana por su lealtad, amistad y oración; a mis padres Rubén y Lulula y a mi hermano Xavier por leer el manuscrito y sugerirme los detalles finales de esta publicación; a mis queridos compadres Yezid y Nubia, siempre presentes en mi vida; a mi querida amiga y hermana espiritual Eliana Delgado, quien siempre ha estado a mi lado a pesar del tiempo y la distancia. A mis amadas nueras Elizabeth y Daniela; a mis queridas Amy y Natalie Edwards; a mis queridos sobrinos, primos y amigos en Venezuela; a Bill Inman, Guillermo Londoño, Maira Portillo y a mis otros buenos amigos en Baton Rouge; a mis pastores y mentores y a todos aquellos que se han cruzado por mi vida y a quienes debo tanto. A todos, muchas gracias.

Aclaratorias

Debido a que todas las historias de este libro forman parte de la vida real, algunos nombres han sido cambiados para protección de los protagonistas.

Portada, contraportada y páginas interiores diseñados por
Gioconda International Connection (GIC)
URL: www.giocondaiconnection.com

INDICE

INTRODUCCIÓN

Quienes hemos nacido en la cultura occidental, salvo raras excepciones, sentimos que hemos sido lanzados a este mundo sin saber nada, ni del mundo ni de la vida misma. No sabemos por qué estamos aquí, por qué nacimos donde y de quién nacimos, quién controla el universo en que vivimos, ni qué pasará mañana. Estamos a merced de lo que pueda suceder, aprendiendo a medida en que vivimos. Andamos como en una especie de sueño en el que todos queremos, simplemente, ser felices, de acuerdo a lo que entendemos por felicidad. Pasamos el tiempo luchando por la vida en temor y desconcierto al acecho de la muerte, a la que percibimos como al enemigo que se lleva nuestra felicidad y que llega en cualquier momento, aunque no la estemos esperando.

Nuestro querido Chris Andrews, pastor de la Primera Iglesia Metodista en Baton Rouge, estado de Louisiana, en Estados Unidos, siempre habla de la vida como del "viaje". Nos entusiasma a acompañarnos unos a otros y a darnos la mano mientras "viajamos". La vida es un viaje, el viaje, tu viaje, nuestro viaje. En esta oportunidad a tí y a esta servidora nos ha tocado viajar junto a los seres que hoy conocemos y con los que nos hemos tropezado hasta ahora. No sabemos a quién conoceremos en lo que nos quede de vida, pero sí sabemos quiénes han pasado por nuestro lado. Sabemos a quiénes hemos tratado bien y a quiénes no; quiénes nos han herido y a quiénes hemos causado dolor. Conocemos a muchas almas que andan dormidas por el mundo, sin darse cuenta de lo que dice el pastor Chris. Estamos viajando todos, como si estuviéramos en un inmenso barco en el que hay espacio para todo y para todos en un momento cósmico compartido únicamente por los actores de ese momento. La oportunidad de todos ellos es esa y es única en ese contacto y en esas circunstancias.

Si vemos a la tierra como el gran barco o la gran nave que surca el espacio con todos sus ocupantes dentro, quizás podamos apreciar mejor la metáfora. Si alguien nos viera desde fuera vería a muchos amándose, a otros odiándose, a unos peleando por el control absoluto del mundo y a otros caminando suavemente bendiciendo la vida que encuentran a su paso, recordándoles a todos que ya es tiempo de despertar. Seguramente así nos ven desde fuera, quienes quiera que se encuentren en otros mundos, galaxias o dimensiones. Seguramente así también nos ven los ángeles, los santos que nos han precedido y es así, sin duda, como nos ve Dios.

A finales del año 2005 tuve un sueño en el que se me acercaba una señora y me decía:"Lo seguro es que todos vamos a morir. Por lo tanto, debemos prepararnos". Cuando la mujer terminó de hablar mi papá, quien es un hombre extremadamente inteligente y sabio y que estaba escuchando la conversación, tomó la palabra y repitió: "Es cierto. Lo seguro es que todos vamos a morir. Por lo tanto, debemos prepararnos".

Al despertarme, sentí que ese era el tema acerca del cual iba a escribir. ¿Qué pasa en el momento de la muerte? ¿Cuáles son las etapas por las que atravesamos? ¿Es cierto que vemos un túnel y después una luz? ¿Adónde vamos a ir tú y yo cuando muramos? ¿Qué podemos hacer para asegurar que nos vaya bien al morir?

Nos preparamos para todo lo que podemos en la vida, pero pocos nos preparamos para nuestra propia muerte la cual es, vista sencillamente y en su más absoluta crudeza, lo que todos los seres humanos compartimos con certeza. Más tarde o más temprano tú, amigo lector, esta servidora y todos los seres vivientes de la tierra vamos a concluir nuestro viaje, llegando al final de esta existencia después de mucho o poco tiempo de vida, según se vea. No conocemos en qué circunstancias nos iremos, ni cuándo ni dónde ni por qué causa saldremos del vehículo que contiene nuestra alma, pero estamos seguros de que ineludiblemente pasaremos por allí. ¿Estamos preparados?

La intención de este libro, escrito para gente de la cultura occidental, es llevar un mensaje que te ayude a vivir mejor, a saber lo que vas a pasar y a estar preparado para morir cuando te llegue tu turno. Ya que vamos a morir algún día, lo más sabio es prepararnos. Ojalá la intención de ayudar a cada persona que lea este mensaje se cumpla.

Parte 1
PREPARÁNDOTE PARA LO DESCONOCIDO

Imagina que alguien te lleva a un lugar que no conoces. Es un lugar extraño para tí y tú te das cuenta de que, a medida en que avanzas, el piso debajo y detrás de tí desaparece. En otras palabras, no puedes quedarte inmóvil ni regresarte. Tu única opción es seguir hacia adelante. En ese momento te colocan frente a una puerta y te dicen que la abras, dando un paso al frente. ¿Cómo reaccionas? Puedes imaginar que detrás de esa puerta vas a encontrarte a un animal feroz que va a atacarte, a una serpiente venenosa que va a morderte, a alguien que está esperándote para hacerte mucho daño, o un vacío al que vas a caer tan pronto atravieses el umbral de la puerta. Estos pensamientos te angustian y te llenan de un gran temor.

Otra opción es que pienses que, como ya no puedes hacer nada sino seguir hacia adelante, lo mejor es resignarse a lo que venga. En ese caso entras cabizbajo y triste, desarmado y derrotado por lo ineludible de tu

> *"¿Qué me va a pasar a mí cuando muera?" "¿Existe vida después de esta vida?"*
>
> *"¿Adónde se fue esta persona que acaba de morir y adónde voy a ir yo cuando muera, si es que vamos a alguna parte?"*

situación. Sin embargo, también puede ser que pienses que lo mejor es armarse de valor y entrar agresivamente por esa puerta, dispuesto a pelear con lo que sea o quien sea que esté esperando por tí al otro lado para hacerte daño. En ese caso entras molesto y con mucha rabia, listo para atacar. La otra opción es que entres con curiosidad, tratando de saber qué vas a encontrar cuando cruces. En ese caso tu actitud es de inquietud y búsqueda. ¿Y qué pasaría si piensas que, al cruzar, vas a encontrarte a otras personas que, como tú, necesitan ayuda y orientación? La otra posibilidad es que seas muy optimista. Que pienses que todo lo que vas a encontrar después de que pases por esa puerta es bello y hermoso y que del otro lado te vas a encontrar con gente buena y amable, con jardines lindos y con mucha paz. En ese caso entras con esperanza, seguridad e ilusión.

Muchos de nosotros llegamos a las puertas de la muerte como en alguno de estos ejemplos. Nos encontramos frente a ella con poca o ninguna información acerca de cómo será nuestro proceso al cruzar el umbral y qué será lo que encontraremos cuando hayamos cruzado. Recuerda que lo desconocido desconcierta y produce temor, mientras que el conocimiento y la información, en cambio, te dan seguridad y confianza.

Si en este momento tú estuvieras a punto de morir por la causa que sea –accidente, enfermedad o simplemente vejez- ¿tienes idea de cómo va a ser tu experiencia? ¿Has leído, visto o escuchado algo que te prepare para ese momento tan trascendente? La mayoría de las personas con quienes he hablado de este tema contestan invariablemente lo mismo: realmente no están preparadas. Quienes tienen fe esperan poder ir al cielo y quienes no creen en nada piensan que con morir se acabó su conciencia y su existencia. Muchos dicen sentir tristeza y temor ante la idea de su propia partida. La mayoría prefiere evitar el asunto y hablar de otra cosa, como si ese momento fuera a llegar para cualquiera menos para ellos.

Mientras más vivimos, más nos familiarizamos con la muerte y, cada vez que la enfrentamos con la desaparición de un ser querido o algún conocido, surgen en nuestra mente las preguntas que la humanidad se ha hecho desde siempre: "¿Qué me va a pasar a mí cuando me muera?" "¿Existe vida después de esta vida?" "¿Adónde se fue esta persona que acaba de morir y adónde voy a ir yo cuando muera, si es que vamos a alguna parte?" "¿Qué de cierto hay en lo que dicen las religiones?" "¿Voy a poder comunicarme con mis seres queridos que quedan aquí?" "¿Y qué va a pasar con las cosas que dejo inconclusas?" "¿Es verdad que voy a poder ver a los que se fueron antes que yo?" "¿Voy a poder regresar?"

NUNCA PERDERÁS LA CONCIENCIA

Junto a todas estas interrogantes una de las ideas que más parece atemorizar y angustiar a la gente cuando le hablan de la muerte es pensar que van a desparecer por completo, que su esencia va a llegar a su fin. De hecho, cuando nos referimos a la muerte decimos cosas como "cuando yo desaparezca", "cuando todo se acabe para mí", etc. Pareciera existir la idea generalizada de que, una vez que morimos ya todo se terminó para siempre. **Pero eso no es cierto.** Por eso lo primero que debes saber es que **al morir no pierdes la conciencia.** Tu cuerpo muere, pero tú continúas viviendo, viendo, oyendo, pensando y sintiendo emocionalmente. Vas a lo que podríamos llamar otra dimensión, en la que tu conciencia se expande y eres capaz de hacer cosas imposibles de lograr con los cinco sentidos conocidos, "hazañas" difíciles de explicar en el mundo físico terrestre, como atravesar paredes, estar en cualquier lugar a la velocidad del pensamiento o flotar. Por ejemplo, puedes estar en el lugar donde acabas de morir y, al pensar en algún ser querido, no importa a qué distancia se encuentre de donde estás, **inmediatamente** te ves al lado de esa persona.

> *Pareciera existir la idea generalizada de que, una vez que morimos ya todo se terminó para siempre. **Pero eso no es cierto.** Por eso lo primero que debes saber es que **al morir no pierdes la conciencia.***

A veces la persona sabe que está muriendo, pero en otras ocasiones no lo sabe y por lo tanto se confunde. No entiende cuando, por ejemplo, ve su cuerpo inerte o cuando oye, ve y percibe lo que sucede en la tierra mientras se encuentra en el otro plano. **Por eso es muy importante que recuerdes todo esto, para que no entres en estado de confusión o angustia cuando llegue tu momento de partir.** Vas a dejar tu cuerpo aquí en la tierra, pero tu alma, mente o conciencia, como quieras llamarlo, eso que eres tú, va a continuar su existencia en otras dimensiones de vida. Continuarás siendo quien eres, con tus vivencias, sentimientos, recuerdos y experiencia.

LO QUE DICEN QUIENES HAN REGRESADO

Jayne Smith, autora de la película "A moment of truth" y quien fue declarada clínicamente muerta cuando daba a luz a su segundo hijo, relata lo siguiente: "En aquel momento sentí que algo salía de mi cuerpo. Era como un soplido. Subió a través de la parte superior de mi cabeza. Podía sentirlo y oírlo. Simplemente un suave soplido. En ese momento me encontré parada en una especie de neblina gris. Entonces supe que había muerto... Cuando me encontré parada en esta niebla gris dándome cuenta de que había muerto recuerdo que me sentí tan gozosa, tan impresionada, porque sabía que aunque estaba lo que llamamos "muerta", todavía estaba muy viva. Muy viva. Estaba totalmente consciente. Comencé a sentir que de mí surgían sentimientos de agradecimiento. No lo estaba haciendo verbalmente, sino que parecía que mi verdadera esencia estaba diciendo 'gracias gracias, Dios, por hacerlo de esta forma, porque realmente soy inmortal'. No había sido destruída". (Smith en William, 2006. Traducción de la autora).

En un reciente programa de televisión del famoso animador hispano "Don Francisco" una de sus entrevistadas, Patricia Sousa, decía que se estima que en Estados Unidos hay cerca de 13 millones de personas que han reportado experiencias cercanas a la muerte, como la relatada por Jayne Smith. El término en inglés es "Near Death Experiences" y fue utilizado por primera vez por el famoso médico Raymond Moody, pionero de esta investigación en el mundo occidental y quien ha escrito once libros en relación al tema. En su primer libro, *Vida después de la vida* (1985), el Dr. Moody presenta el resultado de entrevistar a cien personas que habían sido declaradas muertas y que luego regresaron a la vida. Los recuentos de esas experiencias y de muchas otras recogidas hoy en día en libros, folletos, artículos y películas coinciden en muchos aspectos.

Sobre todo, personas de diferentes edades y procedencias coinciden en hablar de una experiencia única de amor y aceptación que no se experimenta en la tierra.

Por ejemplo, la mayoría de los entrevistados dicen haberse visto flotando, hablan de colores que vieron y sonidos que escucharon, que no pueden describir con palabras ni experiencias humanas. Casi todos relatan encuentros con seres queridos que habían muerto antes que ellos, e incluso dicen haberse encontrado con animalitos con quienes compartieron sus vidas. Muchos han visto hermosos jardines, paisajes de intenso colorido o ciudades que asemejan al cristal. También mencionan encuentros con seres buenos desconocidos, seres "con brillo" y algunos, incluso, hablan de su encuentro con "La Luz", con Jesús o con aquel a quienes ellos consideran Dios. Sobre todo, personas de diferentes edades y procedencias coinciden en hablar de una experiencia única de amor y aceptación que no se experimenta en la tierra. Es tan acogedora la sensación de paz que sienten en esos momentos, que la mayoría de los que han regresado de la muerte dicen que no querían volver sino quedarse para siempre en ese estado idílico de armonía integral.

La revisión de estos casos de experiencias cercanas a la muerte confirman milenarias verdades que se han encontrado desde siempre en enseñanzas metafísicas, espirituales, esotéricas y en todas las religiones del mundo.

Lo que llamamos muerte es solamente la muerte del cuerpo, no la muerte de tu ser. Cuando tú y yo muramos, continuaremos nuestro viaje por la infinidad de la vida. Continuarás tu camino.

Recuérdalo y díselo a otros, sobre todo a quienes estén desahuciados, enfermos o ancianos, próximos a morir.

El encuentro con los seres de blanco

Mi compadre Yezid, quien vive hoy en día en Miami, Estados Unidos, hace alrededor de trece años vivió una de estas experiencias cercanas a la muerte. Conocer esta historia va a ayudarte mucho a entender qué puede sucederte a ti cuando te llegue tu momento y también te servirá para responder algunas de tus preguntas respecto a la muerte.

A Yezid le habían diagnosticado un agresivo cáncer en la amígdala izquierda que se extendió a la campanilla y siguió por el lado izquierdo de la encía y la lengua. La enfermedad, los tratamientos químicos y de radiación lo habían debilitado y envejecido tanto que a los cincuenta y tres años de edad Yezid apenas podía caminar con la ayuda de un bastón. Parecía un ancianito de cien con la piel marchita, flaco, adolorido y sin fuerzas.

El día llegó en que tuvieron que hospitalizarlo. Lejos de angustiarse, como era de esperar, Yezid decía que se sentía en un estado emocional "neutro". Sin pesimismo ni temor, había entregado su caso a lo que él llama la Divina Inteligencia que todo lo contiene. Según sus propias palabras, ya había aceptado y estaba listo para lo que pudiera suceder.

Nubia, su esposa, desesperada por tratar de salvarle la vida, quiso oír la opinión de otro médico, aparte del que estaba tratando a Yezid. Así lo hizo y llevó una enfermera a la clínica para que le tomara unas muestras de sangre a su esposo. Sin embargo, los esfuerzos de Nubia fueron en vano. Cuando Yezid vio a la enfermera dijo que no permitiría que le hicieran nada diferente a lo que su médico había ordenado. La enfermera se fue y mi compadre, sintiéndose más débil y agotado que nunca, comenzó a sentir cómo los latidos de su corazón comenzaron a acelerarse bruscamente.

En ese momento lo invadió una sensación extraña, como si una parte de él estuviera expandiéndose lentamente hasta poder tocar las paredes y ventanas de la habitación, incluso todos y cada uno de los bordes y partes sobresalientes de las paredes y ventanas. Su cuerpo se dividía en dos partes iguales, como si hubiese sido cortado longitudinalmente. En esa separación veía el espacio profundo y oscuro donde se mueven las estrellas, a las que observaba con gran curiosidad. Mientras tanto, su corazón latía más y más fuertemente.

De pronto, aparecieron por su lado izquierdo dos hombres que habían salido como de una especie de tren electrónico de color plata, impecablemente limpio y reluciente. Yezid explica que pudo divisar, a través de las ventanillas de aquel extraño vehículo, a los pasajeros que viajaban en él. Iban vestidos con túnicas blancas y llevaban capuchas en sus cabezas. Los hombres que habían salido de allí, también vestidos con unas túnicas blancas sin costura, se acercaron a Yezid. Tenían barba y usaban sandalias que permitían apreciar unos dedos de los pies completamente uniformes. Yezid explica que le transmitían una sensación de mucha tranquilidad y paz profunda y que, telepáticamente, le informaron que le quedaban muy pocos minutos para dejar el sitio en el que se encontraba. En otras palabras, su hora de partir había llegado.

> *Mi compadre cuenta que se sentía feliz ante la presencia de aquellos seres de paz y ante el amor incondicional que recibía de ellos. No quería regresarse, quería seguir su viaje. Experimentaba una inmensa sensación de libertad y bienestar, no sentía ningún dolor, pero pensaba en su esposa y sus hijos.*

Mientras Yezid vivía esta experiencia la separación de su cuerpo ya tendría como 50 centímetros y su corazón latía más y más fuertemente. Vio a un individuo que entró en ese momento en la habitación y que, alarmado, llamaba pidiendo algo, diciendo que Yezid tenía un infarto. Yezid veía que la gente en la clínica cerca de su habitación corría… Al mismo tiempo, como en un estado de doble conciencia, también entendía que uno de los hombres de blanco le insistía en que debía partir, explicándole que quedaba poco tiempo. Mi compadre cuenta que se sentía feliz ante la presencia de aquellos seres de paz y ante el amor incondicional que recibía de ellos. No quería regresarse, quería seguir su viaje. Experimentaba una inmensa sensación de libertad y bienestar, no sentía ningún dolor, pero pensaba en su esposa y sus hijos. El ser le recordaba que ya su misión estaba cumplida. Los hijos ya habían crecido y Nubia quedaría con todas sus necesidades cubiertas, con la vivienda pagada y con la fábrica de ruedas que habían montado años atrás produciendo una buena cantidad de dinero mensualmente. Yezid cuenta que le respondió a aquel ser que se sentía muy bien y que quería irse, pero que en ese momento lo invadía una tristeza muy grande. Recordaba el disgusto que minutos antes había tenido con Nubia por haberle llevado a la enfermera. Si moría en ese momento –pensaba Yezid- Nubia se culparía por el resto de su vida por su fallecimiento. Eso no era lo que el quería para ella.

Uno de los seres de blanco le dijo a Yezid que, en su caso particular, tenía la opción de quedarse en la tierra o de irse con ellos, pero que no podían demorar la decisión. Ante tal apremio, y con una tristeza infinita, Yezid decidió quedarse. Entonces los visitantes, ya abordando de nuevo el vehículo, le dijeron: "Te es concedido quedarte, pero debes saber que pasará mucho tiempo antes de que volvamos de nuevo a buscarte".

Yezid dice que, mientras miraba la abertura del firmamento, su corazón seguía golpeando fuertemente. Oía ruidos, carreras por el pasillo y veía a dos enfermeras hablando al pie de su cama. Mientras veía al plateado vehículo partir, pensaba: "Todo esto no es sino un sueño, un producto de mi imaginación y de los medicamentos que me han dado".

En ese mismo instante, como si hubieran estado leyendo sus pensamientos, sintió como si una voz lejana le hablara en la mente, diciéndole que lo que había vivido era realidad. "El cáncer que tenías ya cumplió su misión y ha desaparecido –le dijeron-. El infarto no va a ser detectado por los equipos de la clínica. Siempre recordarás esta experiencia".

El corazón de Yezid continuaba latiendo fuertemente, pero la abertura dimensional había comenzado a cerrarse. Llegaron enfermeras y el médico con unos aparatos. Yezid vio cómo le abrían la pijama, le limpiaban con algodón ambos lados del pecho y a los dos lados de la ingle para colocarle unos electrodos. El corazón ya no latía tan rápidamente y la abertura dimensional era muy pequeña. Mientras esto sucedía, Yezid pensó: "Claro que se va a detectar el infarto". Sin embargo, en ese mismo momento, percibió como si la voz lejana le hablara de nuevo a su mente diciéndole: "No se va a detectar nada". Antes de que le colocaran el cuarto electrodo, ya el corazón latía normalmente. De nuevo sintió los agudos dolores en la garganta, quemada por las radiaciones que había recibido para curar el cáncer. Se sintió preso dentro de su cuerpo, pesado, triste, agobiado y débil. Para ese momento ya llevaba quince días en la clínica sin ingerir alimento. Prácticamente no tenía piel en la lengua ni en el paladar. Agotado, mientras el médico y las enfermeras se encargaban de él, se durmió profundamente y, en el sueño, alguien le dijo que debía comer huevos de gallina a medio cocinar.

Cuando abrió los ojos sabía que iba a vivir y le pidió al médico que lo dejara regresar a su casa, diciéndole que ya el cáncer había desaparecido. El médico no estuvo de acuerdo. Yezid pidió huevos tibios. Esa fue su dieta por muchos días y semanas. La lengua y garganta cicatrizaron rápidamente y a los ocho días salió del hospital. Su asombrado médico confirmó el diagnóstico: el cáncer había desaparecido.

Durante todo un año Yezid sintió una dolencia por todo el cuerpo, exactamente donde había ocurrido la abertura dimensional. Por muchos meses experimentó una profunda nostalgia, una gran tristeza por no haber podido partir con aquellos seres de paz.

Hoy Yezid, completamente libre del cáncer, recuerda esta experiencia en cada uno de sus detalles. Toda la boca, incluyendo la amígdala, están en perfectas condiciones. Se define a sí mismo como "un hombre feliz y amante de su esposa, con quien lleva 39 años de matrimonio".

Como hemos visto, este caso incluye vivencias emocionales con descripción de objetos, seres y situaciones. En ningún momento Yezid dejó de ver, oír pensar o sentir, de percibirse a sí mismo ni a lo que lo rodeaba. Más bien, como describió su experiencia, parecía estar simultáneamente en dos planos de conciencia, observando lo que sucedía en la clínica mientras a otro nivel conversaba con los seres de blanco. **Lo que moría era el cuerpo, no el propio Yezid.**

La anterior es una experiencia gratificante y con un final aleccionador y feliz. Cabe destacar aquí que Yezid ha sido un hombre ejemplar. Excelente como padre, esposo y amigo, quienes lo conocemos lo hemos visto siempre queriendo ayudar a otros. Sobre todo, le gusta "enseñar a pescar" a los demás para que salgan de estados de esclavitud financiera, emocional o espiritual hacia la libertad. Sus consejos siempre son valiosos y sabios y gracias a ellos muchas personas han logrado prosperar y tener éxito en sus vidas. Al final de este libro encontrarás su dirección electrónica,

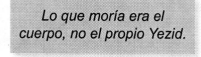

Lo que moría era el cuerpo, no el propio Yezid.

por si quieres hacer contacto con él directamente y conocer más acerca de lo que fue su experiencia.

Pero en el mundo no todas las personas han llevado vidas santas como la de Yezid. Hay personas que hacen daño y voluntariamente causan dolor a otros. Gente caracterizada por su egoísmo, deseos de venganza, violencia, crueldad o maldad. Seres que causan la muerte a otros. ¿Qué pasa con ellos cuando mueren? ¿A quién encuentran y adónde van cuando dejan la tierra? Autores como Betty Eadie, quien también vivió experiencias cercanas a la muerte, nos dan muchas respuestas a estas interrogantes. Los cito al final del libro.

Las experiencias de personas que han hecho el mal y han sido "salvadas" en el último instante nos hacen recordar la famosa frase de Pablo en su carta a los Efesios (2:8) cuando dice "Porque por gracia ustedes han sido salvados mediante la fe…" ¿"Salvados" de qué? ¿De qué está hablando?

Espiritista y drogadicto salvado del abismo

Hay un evento cristiano internacional llamado Expolit que se celebra en Miami todos los años, al cual asisten renombrados escritores, ministros musicales y evangelistas de Estados unidos y del mundo entero. Es como una especie de feria en la que hay exposición de libros, música, charlas, conferencias y ventas de artículos con contenido cristiano.

Yo me encontraba allí en una ocasión buscando información para un periódico que dirigía en aquel entonces cuando me topé con Ronny Cabrera, un caballero de origen dominicano que acababa de escribir un libro titulado *Escape del Infierno*. Estaba en la concurrida exposición presentando su libro y respondiendo preguntas a un pequeño grupo de personas que se habían acercado con curiosidad a él. Había un gran bullicio, gentes entrando y saliendo de los salones de conferencias, música de fondo y "stands" de ventas de toda clase de cosas que recordaban a la cristiandad, desde cruces, libros, tazas, llaveros, franelas, cassettes y CDs hasta pañuelos que decían "Jesús". Ronny nos mostró su libro y nos contó resumidamente su historia.

Había sido espiritista por muchos años y uno de los líderes principales de un clan que reunía a hombres y mujeres con el objetivo de consumir y traficar con drogas en las calles de Nueva York. Mientras hablaba, se acercaban otras personas a quienes él les firmaba los libros y despedía con un cálido "Dios la bendiga hermana", "Dios lo bendiga, hermano".

Me llamaba la atención la incongruencia entre las historias de espíritus inmundos, venta y consumo de drogas, armas, violencia, orgías y alcohol que estaba contando el escritor y sus bendiciones a la gente. Yo quería conocer el final, para entender cómo era posible que estuviera ahora pacíficamente en aquel evento diciendo que "había muerto", hablando de Dios y con una Biblia bajo el brazo.

"Yo estuve bajo el dominio de seres infernales, fui traficante y consumidor de drogas"-dijo. "Una noche me había metido una sobredosis de droga…me sentí morir. De pronto, me ví flotando fuera de mi cuerpo. Después todo se hizo negro, muy negro y frío. Para mi propia sorpresa yo, el temible Ronny, comencé a sentir mucho miedo, mucha desesperación. Sentía que era un abismo cada vez más denso y más negro, sin fondo y sin fin. Yo no sabía qué hacer, oía voces que me atormentaban, no podía controlar nada, estaba desesperado y aterrorizado". Lo que no esperaba él, según nos contó, fue lo que vino después. De pronto el descenso se detuvo, un rayo de luz penetró la oscuridad y vio a un ser de espaldas, con una bata blanca muy brillante, que lo llamaba diciéndole: "Sígueme".

Cuando volvió en sí se sintió fuerte, capaz de levantarse y caminar. Pero, según sus propias palabras, a partir de ese momento ya nunca más sería el mismo. "Comencé alocadamente a buscar a Jesús", decía. "Yo supe que había sido El quien me había salvado en el último momento".

> "...De pronto, me ví flotando fuera de mi cuerpo. Después todo se hizo negro, muy negro y frío. Para mi propia sorpresa yo, el temible Ronny, comencé a sentir mucho miedo, mucha desesperación. Sentía que era un abismo cada vez más denso y más negro, sin fondo y sin fin. Yo no sabía qué hacer, oía voces que me atormentaban, no podía controlar nada, estaba desesperado y aterrorizado..."

Ya no hubo interrupciones de gentes buscando firmas. Quienes llegaron se quedaron a escuchar el resto del relato.

El final de los hechos es que, después de vivir aquella impresionante experiencia cercana a la muerte, el líder drogadicto y espiritista comenzó a buscar a Dios. Encontró un grupo cristiano y allí se quedó. Ahora, las mismas calles de Nueva York que antes recorriera buscando alcohol, orgías o vendiendo drogas, las camina con su Biblia bajo el brazo, hablando del infinito amor y perdón de Dios. Explica que, después de lo que le pasó, siente una imperiosa necesidad de advertirle a todos acerca de lo que les espera "más allá" a quienes viven en el mal. "Es cierto, necesito contarles que ese infierno existe, yo lo viví -decía. Tienen que cambiar sus vidas si no quieren terminar como iba a terminar yo, en el infierno".

Agregó que no fue fácil salir del espiritismo ni de los grupos de traficantes y consumidores de drogas, quienes continuaban reclamándolo para sí. Al momento de la entrevista Ronny decía que ya no tenía miedo de morir. Su misión, según nos dijo, es compartir su historia con otros y decirle, a quien quiera oír, que Jesús es el camino opuesto al espeluznante abismo sin fin. Esta experiencia está escrita en detalle en su libro, el cual se encuentra en español, editado por Unilit.

La mujer que abortó a su décimo hijo

Otra persona que me contó su experiencia cercana a la muerte fue Estrella. La conocí en un hospital de Miami, adonde fui a visitarla mientras se recuperaba de una angina de pecho que había sufrido. Ella, en un momento anterior de su vida, había estado confrontando muchos problemas con su esposo. Había salido embarazada de su décimo hijo y, en verdad, ni ella ni el padre del niño querían a esa criatura que acababan de engendrar. Viviendo en un país latinoamericano para entonces, donde el aborto está totalmente prohibido, Estrella buscó una "clínica" clandestina donde le pudieran sacar el feto que cada vez se aferraba más a su vientre.

Llegó una mañana a una casa oscura en una apartada calle del barrio. Su hermana, su única confidente, le llevaba una bolsa con una muda de ropa y unas pantuflas. "Tranquila, que todo sale bien", le decía. Estrella entró y, tal como estaba pautado, el médico procedió a realizarle el aborto.

Estrella dijo que, una vez terminado el procedimiento, su hermana y el médico salieron de la habitación, dejándola sola para que pudiera descansar. Sin embargo, de pronto, Estrella tuvo una hemorragia. Comenzó a sentir cómo los chorros de sangre le salían a borbotones, al tiempo que se debilitaba muy rápidamente. No tenía fuerzas ni siquiera para gritar pidiendo ayuda. Perdió el conocimiento y dice que entró en un túnel negro, muy negro, sintiendo que se iba en dirección hacia abajo. Pero nunca tocaba el suelo ni nada que pareciera un final. El túnel negro seguía y seguía, y la velocidad de la caída era cada vez mayor. Estrella, aterrorizada, comprendió, de pronto, que estaba muriendo. "En ese momento-dijo ella- ...comprendí que la vida que acababa de quitarle a mi hijo ahora me la estaban quitando a mí..." Mientras seguía a plena velocidad en un viaje sin aparente final, en su mente, muy rápidamente, recorrió toda su vida. Sintió un profundo pesar por haber abortado a aquel niño y, de lo más profundo de su ser, llorando desesperadamente, exclamó: "¡¡Señor, perdóname!!"

Estrella dice que en ese preciso instante vio que, desde arriba, en medio de la oscuridad, aparecían unos pies, cada uno de los cuales tenía una cicatriz en la parte superior, rodeados de una luz indescriptible. Estrella vio también el borde de una bata. Inmediatamente, dijo, ella supo que esos eran los pies de Jesús. Con gran desesperación y con un dolor profundo en el alma, Estrella se aferró a esos pies santos y lloró, lloró muchísimo, pidiendo perdón. La sensación de caída se había detenido y ahora solamente estaba en presencia de aquellos pies sagrados que la llenaban de una gran paz. En ese momento sintió contracciones en su vientre, y un sudor frío por todo su cuerpo. Abrió los ojos y se encontró frente a su hermana y el médico, quien estaba tratando de controlar la hemorragia y evitarle la muerte.

Estrella regresó a la vida y guardó su experiencia para siempre.

Al salir de aquella clínica buscó libros, iglesias, sacerdotes, monjas y pastores, alguien que pudiera hablarle de Jesús. Cuando yo la conocí era una alegre y sonriente mujer, muy bonita, llena de vida. Se dedicaba a hacer manicures y pedicures y, mientras embellecía las manos

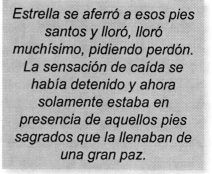

Estrella se aferró a esos pies santos y lloró, lloró muchísimo, pidiendo perdón. La sensación de caída se había detenido y ahora solamente estaba en presencia de aquellos pies sagrados que la llenaban de una gran paz.

y los pies de sus clientes, les cantaba canciones de Dios y les hablaba del amor redentor de Jesús.

Estrella hablaba del perdón. A muchos nos contó su experiencia, sin poder evitar derramar copiosas lágrimas de dolor y alegría cada vez que relataba lo que le había sucedido. "Jesús te salva", decía una y otra vez. Después de escuchar a Estrella la pregunta "¿salvar de qué"? quizás por primera vez, para muchos, encontró sentido y respuesta. Estrella, al igual que Ronny, permaneció consciente todo el tiempo y encontró el amor y el perdón de Dios en el más allá en el último momento.

Quizás esta experiencia te sea útil. Por favor, recuérdala.

VAS A PASAR POR VARIAS ETAPAS

Es muy importante que estés consciente de las cosas que te van a suceder y de las etapas por las cuales vas a pasar cuando te llegue el momento de morir. Estar preparado para cuando te llegue tu turno es como cuando has estudiado bien para un ineludible examen y, cuando te hacen las preguntas, respondes sin titubear, sin temor ni angustia, con fluidez, naturalidad y con la seguridad de que tu resultado va a ser bueno. Más adelante voy a hablar de las claves que te ayudarán a llegar con bien hasta tu muerte. Sin embargo, en este momento vamos a concentrarnos en saber qué es lo que sucederá cuando ya estés allí, en ese preciso momento cuando tu tiempo se haya terminado y tus ojos se cierren para este mundo que has conocido hasta ahora.

Lo último que perderás es el oído

Nuestro cuerpo es como una máquina, formado por una gran cantidad de piezas que funcionan en armonía para producir un resultado final que es la vida. Cada órgano y cada célula tienen un trabajo preciso que realizar y, gracias a ese buen funcionamiento, podemos decir que estamos saludables y vivos. Pero este fascinante milagro viviente que somos tú y yo necesita cuidados y mantenimiento. También se desgasta. Es como un carro que, con el pasar de los años, comienza a necesitar cambios: de frenos, batería, alternador, retoques en la carrocería y tapicería. Un buen día necesita intervenciones más importantes, como cambios en ciertas partes de la caja o del motor, que es lo que lo hacen funcionar. Finalmente, llega el día en que ya no puedes seguir remendando el vehículo. Ya un retoque en la pintura no sirve. Hay que pintar todo el carro. Ya lubricar una pieza del motor no es suficiente: hay que rehacer la máquina o comprar una nueva. La vida útil de tu vehículo que un día fuera nuevo, por el uso, el tiempo o el maltrato, llega a su fin.

> Recuerda esto: ... Aún al punto de morir, cuando la persona cierra sus ojos, continúa oyendo todo lo que pasa a su alrededor.

Así sucede con tu cuerpo y el mío. Cuando, bien sea por enfermedad, maltrato, accidente o vejez, la máquina corporal se detiene, es cuando decimos que ha llegado la muerte. Nos vamos después del "último suspiro", la "última exhalación".

Ahora bien, ¿qué sucede con la persona que está muriendo? Recuerda esto: todos sus sentidos no se van al mismo tiempo. A lo mejor ya no puede moverse, ya no habla, pero continúa viendo y oyendo. **Aún al punto de morir**, cuando la **persona** cierra sus ojos, **continúa oyendo** todo lo que pasa a su alrededor.

Una vez tuve la oportunidad de probar que una persona en estado de coma puede oír. Cuando mi querido abuelo Juan estaba en coma en la Clínica Atías, en Caracas, mi hermano Xavier y yo nos acercamos a él para hablarle. Entre una y otra cosa, le dije: "Abuelo, si me estás escuchando, por favor, levanta tu brazo izquierdo". Como si de pronto una fuerza que ya no tenía lo hubiera sobrecogido, el abuelo que ya no hablaba, ni comía, ni salía del estado vegetativo en que se encontraba, levantó su brazo izquierdo.

Debes tener mucho cuidado con lo que digas frente a aquellos que se encuentran en coma o que están a punto de morir. Ellos escuchan y entienden todo lo que decimos, pero la mayor parte de las veces no pueden darnos feedback porque las conexiones de su cerebro con el habla ya no funcionan. Recuérdalo cuando estés frente a alguien que está muriendo. Si puedes, ayúdalo amorosamente con palabras positivas en ese trascendental momento. Si es creyente, aún si iba poco o nunca iba a la iglesia, háblale de Dios y su infinito amor y perdón. Si es cristiano, recuérdale que con toda seguridad Jesús va a venir a su encuentro. Si no sabes hablar de cosas espirituales simplemente recuérdale que puede irse en paz, que serene su mente y que recuerde todas las cosas buenas que hizo mientras vivió. Estimúlalo para que haga un recuento de la alegría que le trajo a otros, del servicio y la ayuda que prestó desinteresadamente, del amor que compartió con otros seres humanos. Aunque esa persona ya no pueda hablar está escuchándote y te agradecerá por siempre esas últimas frases de aliento que le diste antes de irse hacia otros planos de existencia.

Cuando mi tía Blanca estaba enferma, mi amiga Diva y yo fuimos a verla a su casa. Llevaba unas semanas en cama, ya no hablaba y seguramente sabía que iba a morir. Diva y yo comenzamos a hablarle muy suavemente acerca del hermoso viaje que estaba a punto de realizar, mientras le tomábamos las manos con mucho cariño. Le hablamos del túnel que iba a atravesar y de cómo nuestro buen Señor Jesús iría a buscarla para llevarla a la otra dimensión. Allí encontraría a mi tío Antonio, su esposo tan querido que la había antecedido y a otros seres amados que habían partido antes que ella, en un estado de mucha paz, belleza y amor nunca antes experimentado. Diva y yo sabíamos que, aunque ya mi tía no hablara ni se moviera, había escuchado y entendido lo que le habíamos dicho. La dejamos con la seguridad de que el propio Jesús pronto iría a por ella. Dos días después me llamó mi prima Ana Julia para decirme que mi tía se había ido en paz, con una sonrisa en los labios.

Ten presentes estas experiencias y recuerda que, aún a punto de morir, continuarás oyendo todo lo que digan y lo que pase a tu alrededor.

La experiencia de verte fuera de tu cuerpo

Lo primero que va a sucederte cuando mueras es que vas a verte fuera de tu cuerpo. Eso sucede instantáneamente. Puede ser que flotes, viendo todo desde arriba, como si algo te estuviera sosteniendo a pocos metros del lugar donde acabas de morir, o puede ser que te veas de pie observando tu cuerpo y todo lo que te rodea. El Reverendo Howard Storm, quien en 1985 vivió una experiencia cercana a la muerte, víctima de una perforación del estómago, nos narra así su experiencia: "Por un tiempo sentía como si estuviera inconsciente o dormido. No estoy seguro cuánto duró, pero me sentí muy extraño y abrí los ojos. Para mi sorpresa yo estaba parado al lado de la cama y estaba mirando mi cuerpo acostado en la cama. Mi primera reacción fue: ' Esto es una locura Yo no puedo estar parado aquí viendo mi cuerpo allá abajo. Eso no es posible' " (Storm, H. 2005. Traducción de la autora).

> Lo primero que va a sucederte cuando mueras es que vas a verte fuera de tu cuerpo. Eso sucede instantáneamente. Puedes ser que flotes, viendo todo desde arriba, como si algo te estuviera sosteniendo a pocos metros del lugar donde acabas de morir, o puede ser que te veas de pie observando tu cuerpo y todo lo que te rodea.

Recuerda. El cuerpo que vas a ver no eres tú. Es solamente el vehículo que usaste mientras estuviste en la tierra. Ese cuerpo sin vida, que ya no ve, ni oye ni siente, se quedará aquí en la tierra como queda la ropa que te quitas al final del día. Hay incluso quienes no reconocen su propio cuerpo una vez que han salido de él, especialmente si la persona ha muerto víctima de un accidente violento o en una guerra.

No te angusties ni te preocupes. Recuerda que el verdadero tú se va a encontrar en otra dimensión, desde donde verás y oirás lo que pasa en la tierra y en donde podrás desplazarte de un lugar a otro a la velocidad de tu pensamiento. Cuando estés viviendo esa experiencia es importante que te tranquilices, que tengas calma y serenidad, que comiences a familiarizarte con tu nuevo estado y con tus nuevas posibilidades y que esperes.

Es muy importante que recuerdes que nuestros sentidos físicos están adaptados únicamente para percibir en esta dimensión y, por lo tanto, los que quedan en la tierra no podrán verte, oírte o sentirte. Acuérdate de esto cuando estés en ese momento, porque una de las cosas que más angustia a quien se acaba de morir es la imposibilidad que siente de comunicarse con los suyos. Quiere decirles que se encuentra bien, que no tiene dolores físicos, que los está viendo y escuchando, pero los que están en la tierra no lo ven ni lo escuchan. Una vez que la persona cambia de plano la comunicación no es verbal, sino telepática. Por eso muchas personas reportan haber tenido sueños que luego resultaron ser mensajes o instrucciones específicas que quiso dar la persona que murió. Tú también aprenderás a comunicarte de esa forma.

No trates de aferrarte a cosas, personas, bienes materiales o lugares. Recuerda que lo que se hizo o se dijo o se dejó de hacer o decir, así quedó. Otros vendrán a continuar tu obra. Tampoco te quedes rondando tu cuerpo. En cambio, entiende lo que te está pasando. Una vez que hayas tomado conciencia de que has trascendido el umbral, acepta tranquilamente tu muerte y sigue adelante. Serénate, observa y escucha, piensa en todas las cosas buenas que hiciste en vida y llénate de amor tanto para los seres queridos que dejas aquí como para todo lo que te rodee. Con serenidad y fe seguirás pasando rápidamente por las siguientes etapas correspondientes a tu nuevo estado.

Atravesando el túnel

De pronto, vas a sentir como si te llevaran o si te fueras hacia un túnel. Es como un pasadizo entre dimensiones, a plena velocidad. Al igual que los túneles que existen en la tierra, lo vas a percibir como una especie de transición, como si algo te dijera que ese paso es la conexión entre lo que dejas y lo que va a venir luego. La persona que muere no tiene control sobre esa situación. Es como la sucesión del día y la noche, los movimientos de rotación y traslación de la tierra y demás cuerpos celestes, como la vida misma. Los humanos no los controlamos, sino que los aceptamos y vivimos las experiencias. El paso por ese túnel forma parte de la experiencia de casi todas las personas que mueren.

Quienes han tenido experiencias cercanas a la muerte después de haber vivido egoístamente, haciendo daño, hiriendo, maltratando o causando la muerte a otros, han sentido que el túnel es muy oscuro, que se vuelve más y más denso cada vez y que la dirección que lleva es hacia abajo, como si no terminara nunca jamás. La experiencia pareciera no concluir nunca. El túnel se vuelve angustiante y aterrador, tal y como lo describieron Ronny y Estrella en sus experiencias cercanas a la muerte.

Por su parte, quienes han tenido experiencias cercanas a la muerte después de haber vivido con amor hacia los demás, han reportado que el túnel es corto, como una niebla gris, rápido y en dirección recta. La experiencia es rápida y de transición. Cuando estés en ese paso piensa en Dios, como quiera que lo concibas, y pídele su protección sagrada. Solamente con pensar en el nombre de Dios vas a sentir una inmensa paz, que disipará cualquier temor que puedas estar sintiendo mientras concluye esa transición. Recuérdalo cuando estés en ese momento.

La Luz después del túnel

Quizás muchas veces hayas escuchado la frase: "hay luz después del túnel". Generalmente se le dice a personas que están pasando momentos de mucha angustia para darles fe y consuelo y es muy probable que esa expresión haya salido de la experiencia más singular de la muerte.

En un momento dado, al finalizar el paso por el túnel, todas las personas de bien ven presencias buenas, seres sin cuerpo físico que salen a su encuentro. Pueden ser personas que conociste en la tierra, seres queridos que murieron antes que tú y que se alegran al reunirse de nuevo contigo y a quienes reconocerás inmediatamente. También puede tratarse de seres a quienes nunca conociste, pero que vienen amorosamente a recibirte en esa otra dimensión.

Algunas personas califican de ángeles a los guías desconocidos que los reciben. Para otros se trata de sus maestros espirituales o espíritus guardianes. Como lo reportó Yezid en su experiencia, esos seres te van a transmitir un amor incondicional único. Para ese momento ya estarás acostumbrado a tu nuevo estado incorpóreo. Ya sabrás que puedes estar en cualquier lugar a la velocidad de tu pensamiento y ya te habrás dado cuenta de que tus sentidos son capaces de percibir cosas, colores y sonidos imposibles de captar con los sentidos corporales que antes tenías.

Cuando estés en presencia de estas entidades buenas experimentarás una felicidad inmensa. Te sentirás aceptado, querido, comprendido, disfrutando de verdadera paz y amor fraternal. Sin embargo, el gran momento de tu alma, la gran y trascendente experiencia vendrá luego, cuando te veas frente a un ser cuyo brillo y belleza no podrás describir con palabras y experiencias humanas. En ese instante estarás, finalmente, frente a "La Luz".

> Sin embargo, el gran momento de tu alma, la gran y trascendente experiencia vendrá luego, cuando te veas frente a "La Luz".

Linda Stewart, citada por Kevin Williams en su libro *Nothing Better Than Death* (2006) describe así su experiencia: " … finalmente era capaz de abrir mi ser completamente al espíritu y mi visión se aclaró. Con los ojos de mi cuerpo alma, miré para ver qué me sostenía en tal amor y ví a un radiante ser espiritual, tan magnificente y lleno de amor que supe que nunca más sentiría la sensación de pérdida. No tengo manera de explicar cómo, pero supe que el Espíritu era Cristo. No era una creencia, percepción o comprensión, sino que mi reconocimiento de Cristo provino de mi nueva perspectiva de espíritu… Otros podrían haberlo llamado Buda o Yavé o Gran Espíritu del Cielo, pero el nombre no importaba, sólo el reconocimiento del amor absoluto y la verdad eran importantes. A salvo en la suave y sin embargo poderosa cobertura de su amor, descansé, segura de que todo estaba bien, exactamente como se suponía que debía ser". (Stewart, L. en Williams, 2006. Traducción de la autora).

Tu emoción y sobrecogimiento en esos instantes serán únicos. Sentirás que de ese "ser" emana el sentimiento de amor más profundo que jamás hayas sentido y entenderás que esa Luz te conoce y ha estado contigo desde siempre guiándote, amándote, protegiéndote y enseñándote. Comprenderás, sin que nadie te lo diga, que estás ante la Sagrada Presencia de Dios, independientemente de cómo lo hayas concebido mientras estuviste con vida en la tierra. Entonces te darás cuenta de que hay algo qué revisar. Entenderás que, como los jornaleros de los que habla Jesús en los evangelios, será tu turno de rendirle a El las cuentas de lo que hiciste con la vida que se te dio.

La revisión de tu vida ante la presencia de la Luz

De pronto aparecerá ante tí la película de tu vida entera. Vas a ver desde el momento de tu nacimiento hasta el momento de tu partida de la tierra. Verás cosas de las que a lo mejor ni te acordabas, pero que quedaron grabadas en los archivos akáshicos, en la memoria de tu existencia. Allí vas a ver todo, absolutamente todo, lo que hiciste y dejaste de hacer, pensaste, sentiste, dijiste y dejaste de decir en la vida que acabas de terminar. Sobre todo, vas a ver cómo tu conducta afectó a otros. Como en una película tridimensional aparecerán imágenes frente a tí a increíble velocidad y verás como la película parecerá detenerse en momentos claves y específicos. Vas a darte cuenta de que esos énfasis tienen que ver con tu relación con los demás. Habrá una pausa en cada escena en la que te veas haciendo el bien, saliendo de tu mundo para extender la mano a otros, dar un consejo, una sonrisa, cosas materiales o parte de tu tiempo, compartiendo y dando amor. Observarás esos momentos como los más importantes y decisivos de tu vida. Sentirás como si tú mismo y el universo entero estuvieran tomando nota de tu actuación y evaluando lo que hiciste mientras viviste. En ese instante comprenderás que lo que tuvo valor no fue obtener títulos, carreras universitarias, calificaciones, dinero, posesiones materiales, poder político, económico o social. Verás que lo realmente trascendente para tu alma fue cómo utilizaste los recursos y el tiempo que se te dieron para ayudar a otros en su paso por la vida.

El Reverendo Howard Storm (2005) describe así su experiencia: "Para mi sorpresa ví mi vida frente a mí, quizás a una distancia de seis u ocho pies frente a mí, de principio a fin... A lo que ellos respondieron fue cómo había interactuado con otras personas. Eso era todo. Desafortunadamente, la mayor parte de mis interacciones con otra gente no daban la talla de cómo debía haberme comportado, que era de una manera amorosa. Cada vez que reaccioné durante mi vida con amor ellos se regocijaban... Pude ver a mi hermana cuando una noche estaba enferma, cómo yo fui a su habitación y la abracé. Sin decir nada, simplemente me recosté con ella abrazándola. Al final esta experiencia fue uno de los mayores triunfos de mi vida" (Storm, H. 2005. Traducción de la autora).

De igual manera, verás frente a tí los momentos en que hiciste daño. Sentirás un profundo dolor cuando sepas lo que otros sufrieron por el mal que les infligiste, porque la experiencia de la revisión de tu vida te colocará en el lugar de los demás cada vez que veas una escena de esas. En esos instantes tú serás ellos. De esa forma podrás comprender verdaderamente lo que sintieron en su interacción contigo. Todo eso será presenciado por la Gran Luz quien, sin emitir juicios ni reproches, dejará que tú mismo entiendas, te alegres por el bien que hiciste y pidas perdón por el mal que llevaste a otros. Este último punto, frente a la Gran Luz, te llevará a querer pedir perdón, reparar el daño y rectificar tus caminos.

Qué pasa después

Una vez que la revisión ha terminado, hay una decisión, que viene primeramente de tí mismo, como resultado de evaluar tu propia conducta. Es tu propio juicio, el famoso juicio que sigue a la muerte y del que hablan las religiones del mundo. También hay "jueces" espirituales que intervienen para ayudarte amorosamente en tu proceso de evaluación. Puede ser que veas a esos jueces de inmediato, y también puede ser que te lleven

> Vive consciente de que estás aprendiendo a desarrollar el amor incondicional hacia toda criatura viviente, preparándote para morir algún día.

más adelante ante su presencia. Al igual que en la tierra, esos otros planos contienen vida, muchos seres de distinta naturaleza quienes ahora, junto a tí, van a tener misiones y tareas específicas qué cumplir. Recuerda que en la tierra tienes a la mano todo lo que necesitas aprender para pasar tu prueba al momento de morir. Aprovecha esos recursos, que llegan a tí en forma de susurros de la voz de tu conciencia y en cada instante de tu vida diaria, a través de la naturaleza y la grandiosidad de la obra de Dios. También te llega en forma de libros, revistas, mensajes, charlas, sermones, lecturas, películas, conversaciones y ejemplos de personas de bien. Tienes la sabiduría de los maestros espirituales y las enseñanzas supremas de Jesús. Vive consciente de que estás aprendiendo a desarrollar el amor incondicional hacia toda criatura viviente, preparándote para morir algún día. Nunca creas que las consecuencias son para los otros solamente. La verdad es que cada cosa que hagas o sientas respecto a otros va a tener una consecuencia para tí mismo. **El bien o mal que hagas a otros se anotará en tu cuenta, no en la de ellos.** Recuérdalo siempre, de manera que te sientas feliz y seguro cuando te llegue el trascendental momento de entregar tus cuentas a la Gran Luz, también llamada por muchos Padre, Creador o, simplemente, Dios.

TÚ DECIDES ADÓNDE IRÁS CUANDO MUERAS

Después de la revisión de tu vida irás al plano que te corresponda y allí permanecerás hasta que se hayan logrado los objetivos que necesita tu alma para purificarse hasta su perfección. Muchas religiones y enseñanzas espirituales hablan de "lugares" de paz como el cielo, paraíso, Nirvana, la morada santa, y también hablan de "sitios" de tormento como el purgatorio, Hades o el infierno. Las preguntas que muchas personas se hacen son, por ejemplo, ¿qué significa "ir al cielo" o "ir al infierno"? ¿Quién decide quién va para dónde? ¿Hay alguna posible salida de alguno de estos "lugares"?

Lo primero que debes saber es que ni el cielo ni el infierno son "lugares" o "sitios", sino dimensiones, planos o niveles de vibración. Es como este ejemplo: en un vaso con agua hay tres elementos: el vaso, que es sólido; el agua, que es líquida y el aire que los rodea, que es gaseoso. Los tres se encuentran presentes al mismo momento y en el mismo lugar, pero en condiciones normales no se comunican. El vaso no se convierte en agua ni en aire, así como el aire y el agua en no se convierten en vaso. Cada uno ocupa su lugar, de acuerdo a la velocidad o vibración con que se mueven las moléculas que los conforman, aunque todos ocupen "un mismo espacio".

Cada persona tiene una especie de código eléctrico que lo caracteriza. Ese código es el resultado de la energía que genera ese mismo individuo con sus pensamientos, sentimientos y acciones. Se le asocia con el campo energético, el aura o el alma. Cuando una persona expresa odio, por ejemplo, la energía que sale de su cuerpo es muy distinta a la que se genera cuando la persona experimenta amor o compasión. Cuando hacemos, decimos o pensamos algo alejado del bien, todo nuestro ser queda envuelto en códigos de vibración bajos y sin luz. Es lo que la religión judeo cristiana llama "pecado", la separación voluntaria del bien o de Dios.

Estos códigos son los que finalmente decidirán adonde irás cuando mueras. Los planos densos, oscuros y fríos, llenos de soledad, angustia y desolación, corresponden a las energías más bajas, las que se "arrastran" pesadamente hacia los sub planos más elementales de la existencia. Allí se encuentran seres también oscuros, alejados del bien y cuyo único propósito es hacer mal, causar dolor y destruir. Muchas religiones llaman a este plano de horror "infierno" y a los seres espirituales que lo pueblan "demonios" o "ángeles caídos". Estos espíritus tienen como misión hacerte caer en angustia y desesperación o en agresión y maldad. Su único propósito es el de oponerse al bien: destruir tu vida en la tierra para que luego tu alma tenga que sufrir después de la muerte. Jesús advirtió acerca de este peligro cuando dijo: *"¿De qué sirve ganar el mundo entero si se pierde la vida?"* (Mateo 16:26). Cuando muere una persona cuya vida ha estado alejada del bien, alguien que ha hecho mal o ha hecho pactos demoníacos, estos seres oscuros salen a su encuentro y la reclaman para sus aterradores dominios.

Hay dos escenas en la película "Ghost", protagonizada por Patrick Swayze, Demi Moore and Whoopi Goldberg en las que se muestra a los habitantes de los planos más densos cuando acuden a buscar a sus "socios", que son los asesinos que mueren a causa de su propia maldad. El film logra transmitir muy acertadamente la expresión de miedo que experimentan esos hombres cuando los representantes del mundo del mal se los llevan a rastras.

La experiencia de Howard Storm (2005), describe así el trato que recibió de parte de estos príncipes de la oscuridad, cuando

fue declarado clínicamente muerto en París: *"Sintiéndome in-*
cómodo, especialmente porque ellos seguían volviéndose agre-
sivos, pensé en regresar, pero no sabía cómo hacerlo. Estaba
perdido... Horas atrás, había esperado morir y acabar con el
tormento de mi vida. Ahora las cosas eran peores en la medida
en que era forzado por una muchedumbre de gente poco amis-
tosa y cruel hacia algún desconocido destino en la oscuridad.
Comenzaron a gritarme y a insultarme... Una salvaje orgía de
desenfrenadas mofas, gritos y golpes se desató. Yo peleé como
un hombre salvaje... Mi dolor se convertía en su placer. Pa-
recían querer que yo sufriera – me enterraban las uñas y me
mordían...
Para ese momento era casi completa oscuridad y yo tenía la
sensación de que en vez de haber veinte o treinta, había una
cantidad innumerable de ellos... Comenzaron a humillarme
físicamente de las maneras más degradantes... Luego, en un
momento, empezaron a arrancar pedazos de mi carne. Para
mi horror me dí cuenta de que me estaban despedazando y
comiendo vivo, despacio, de forma tal que su entretenimiento
durara lo más posible... La mejor manera como puedo descri-
birlos es pensar en la peor persona imaginable despojada de
todo impulso de hacer el bien... Básicamente eran una turba de
seres totalmente dirigidos por una crueldad y pasión desenfre-
nada..." (Storm, H. 2005. Traducción de la autora).
De allí la angustia e insistencia de tantos líderes religiosos desde siempre, tratando muchas veces en vano de convencer a la
gente de que se aleje del mal, por su propio y eterno bien, para
evitarles lo que saben que les sucederá cuando mueran. De allí
los diez mandamientos, las exhortaciones de los antiguos profetas y de seres como Mahatma Ghandi, la madre Teresa de
Calcuta, el Dalai Lama, Paramahansa Yogananda, el Papa Juan
Pablo II, grandes predicadores cristianos y otros. De allí las enseñanzas supremas de Jesús contenidas en los evangelios.
Este es el segundo punto que debes recordar. **Cada quien de-**
cide adónde irá cuando muera. Es un proceso natural, creado
por tí mismo. Lo que tú yo hagamos o digamos, dejemos de
hacer o de decir, el amor que demos o dejemos de dar, definirá

nuestro destino al morir. Nadie nos fuerza, solo tú y yo escogemos. Tu nivel de vibración te va a colocar en altos planos de luz, o cielo; o en algún sub plano del plano astral, con gente buena que aún necesita seguir aprendiendo, mientras avanza hacia su perfección; o en sub planos del astral de sufrimiento y angustia, o en los planos más densos y oscuros, alejados del amor, del bien y de Dios. Del último sub plano del astral, donde se encuentran los demonios o ángeles del mal que rechazan la luz de Dios, no hay retorno. Al final de este libro cito la obra de Annie Besant, *La sabiduría antigua*, para quienes quieran conocer más a fondo esta explicación acerca de los otros planos de la existencia.

Es muy importante hacer notar que la gran mayoría de las personas que mueren tienen preciosos encuentros con La Luz, escuchan melodías agradables, ven jardines bellos, ciudades parecidas al cristal o paisajes hermosos. Estas almas se ubican en planos de armonía y aprendizaje con otros seres similares en vibración a ellos. Son, en general, gente buena, padres y madres de familia o gente común que ha sufrido y amado en la vida sin hacer daño a los demás.

El problema grave se presenta cuando muere alguien cuyo corazón se va lleno de orgullo, rencor o resentimiento hacia otros, en quien hay falta de perdón, deseos de hacer daño o cuyas manos se van manchadas de sangre de otros seres humanos. Sin un verdadero arrepentimiento o cambio de rumbo, el destino de esas almas es el que ellas mismas se han creado: planos de angustia, soledad y tormento por la falta del bien, que es Dios.

La gran mayoría de las personas que mueren tienen preciosos encuentros con La Luz.

La gracia y el amor de Dios están fluyendo hacia tí constantemente y tú eres el único que decide si los tomas o los dejas. Dios respeta tu libre albedrío y tú eres responsable de las consecuencias de tus acciones. Utiliza tu vida sabiamente, como hacen los sembradores de amor y paz en el mundo. Por tu eterno bien, recuérdalo siempre.

Qué son los llamados cielo, purgatorio e infierno

- El cielo

Los conceptos de cielo, purgatorio e infierno son más fáciles de entender si los comparamos con una escala de degradación de colores que, en ascenso, va desde el negro absoluto hasta la luz infinita. El paraíso o el cielo, es concebido como el punto de luz pura, adonde el alma irá a descansar después de la muerte, libre de los sufrimientos terrenales y ante la presencia sagrada de Dios, en un estado de perfecta paz y armonía.

La Luz infinita es Dios, independientemente de cómo se le llame en la tierra. Es la vibración de amor perfecta, la totalidad del Ser. En esa vibración se encuentra Jesús el Cristo, quien es Uno con la presencia única de Dios. De allí que los cristianos digan que Jesús es Dios, que es parte de Dios y que es el Hijo de Dios. Jesús mismo dijo le dijo a Felipe, uno de sus discípulos, *"¿Acaso no crees que yo estoy en el Padre y que el Padre está en mí? Las palabras que yo les comunico, no las hablo como cosa mía, sino que es el Padre, que está en mí, el que realiza sus obras"* (Jn 14:10-11).

Tú y yo y toda la humanidad está siendo invitada todos los días, constantemente, a ese cielo o estado de unión perfecta con Dios, tu padre y creador. Jesús lo resumió en esta frase: *"Por tanto, sean prefectos, así como su Padre celestial es perfecto"* (Mateo 5:48).

Sin embargo, de inmediato surge la pregunta, ¿qué significa ser perfecto y cómo podemos alcanzar esa perfección en esta vida? Jesús también nos enseñó cómo hacerlo cuando dijo a sus discípulos: *"Este mandamiento nuevo les doy: que se amen los unos a los otros. Así como yo los he amado, también ustedes deben amarse los unos a los otros"* (Jn. 13:34).

Una vez que nuestras almas comprenden que la sola razón de nuestra existencia en la tierra es para que aprendamos a amar incondicionalmente a los otros, encarnando en nosotros el amor divino, "ascendemos" al cielo, aún si todavía estamos en cuerpo físico en la tierra. En otras palabras, te haces uno con la esencia

> *"Este mandamiento nuevo les doy: que se amen los unos a los otros. Así como yo los he amado, también ustedes deben amarse los unos a los otros" (Jn. 13,34).*

pura de Dios, como lo hizo Jesús cuando tuvo cuerpo físico. Es entonces, en ese instante, cuando comprendes lo que es participar con El de la vida eterna.

- El infierno

Siguiendo con el ejemplo anterior, el negro absoluto sería la representación del infierno, el nivel donde la ausencia de luz es total. Allí reina el espíritu del mal, representando todo lo opuesto al bien y al amor. Es donde el sufrimiento mayor viene, precisamente, por la falta de Dios.

La Biblia habla de este plano tanto en el nuevo como en el Antiguo Testamento. La palabra griega que encontramos, "geenna", traducida del hebreo ge-hinnom, significaría "El Valle del hijo de Hinnom", un lugar de idolatría que fue maldito por el profeta Jeremías (2 Reyes 23:10, 2 Crónicas 28:3; 33:6; Jer. 7:32, 19:6; Isa 66:24). También se hablaba del Seol, al que la Biblia describe como un lugar oscuro y subterráneo del cual no hay retorno (entre otros, Deut., 32:22; Isa 14:9; Sal. 63:10). En el Nuevo Testamento, en la parábola de Lázaro, ese lugar de eterno tormento para las almas después de la muerte es el Hades. Es considerado como la muerte más allá de la muerte. En Mateo 11:23, Lucas 10:15 y en el Apocalipsis 6:8, el infierno se presenta como el concepto de una destrucción completa y total.

Es muy importante que las personas sepamos en qué bando estamos ubicándonos con nuestras acciones mientras vivimos. Nadie puede vivir creyendo que podrá hacer daño a otros sin misericordia sin que ello le traiga serias consecuencias.

Si pusiéramos un ejemplo diríamos que es como una persona que deja de alimentarse por un tiempo prolongado. Aunque los primeros días todavía se sienta fuerte y con ánimo, progresivamente su cuerpo va a acusar la falta de comida. Muy pronto la debilidad va a ganar la batalla y finalmente la muerte va a

43

llevarse a ese individuo. Su opinión o ideas no pueden contradecir la ley natural que dice que hay que alimentar el cuerpo si queremos que continúe con vida. Así funciona la ley a nivel espiritual. Si una persona llena su vida de odio, rencor y acciones en contra de otros, no importa lo que opine o piense, la verdad es que está privando a su alma del alimento que necesita para vivir. Por eso la Biblia habla de la "muerte del alma" al pecado. Lo que quieren decir es que la ausencia de bien o Dios destruye el alma del ser humano, colocándola en planos fríos de sufrimiento y angustia constante de los cuales es muy difícil salir.

La lucha entre el bien y el mal es y ha sido una constante desde que existe la creación. Quienes se ubican del lado oscuro de la vida buscan estimular en las personas acciones que conduzcan a la destrucción. De allí todo a lo que estamos expuestos diariamente a través de los medios de comunicación y de la vida misma, desde películas, libros, video juegos y mensajes que estimulan la agresión y la violencia contra otros, hasta las acciones individuales y colectivas que promueven la muerte y aniquilación de la vida sobre el planeta. En ese lado oscuro se ubican también los llamados "magos negros", quienes son personas que han decidido conscientemente utilizar las fuerzas de la naturaleza para hacer mal, robar, destruir y matar. Son gente que busca beneficios en la tierra a costa de perder sus propias almas por siempre.

Recuerda: todo aquel que haga daño a otros tendrá que dar cuenta de sus actos. El peor de los castigos es cuando el alma se priva a sí misma de la presencia de Dios y se hace su enemigo, escogiendo ubicarse en el "infierno" o plano de tormento eterno.

- El purgatorio

Para la religión católica hay un

> *Es muy importante que sepamos en qué bando estamos ubicándonos con nuestras acciones mientras vivimos. Nadie puede vivir creyendo que podrá hacer daño a otros sin misericordia sin que ello le traiga serias consecuencias.*

"lugar intermedio", una zona adonde van quienes no han muerto en "gracia de Dios". A este lugar lo llaman el purgatorio y se concibe como el plano en el que las almas se purifican antes de entrar en el cielo o paraíso. Su basamento se encuentra en la interpretación de 2 Macabeos 12: 43-46 que dice: *"...(Judas Macabeo) efectuó entre sus soldados una colecta... a fin de que allí se ofreciera un sacrificio por el pecado... Pues... creían firmemente en una valiosa recompensa para los que mueren en gracia de Dios... Ofreció este sacrificio por los muertos; para que fuesen perdonados de su pecado"*.

Este libro de Macabeos solamente se encuentra en las Biblias católicas. Forma parte del grupo de escrituras llamadas "apócrifas" y que por tales fueron excluídas del resto de las Biblias. Por eso los cristianos no católicos no creen en la existencia del purgatorio.

En realidad, el purgatorio es uno de los sub planos del plano astral, un espacio en el que la persona reflexiona acerca de lo que hizo de mal en la vida. Sale de allí cuando pide perdón a Dios por sus actos y decide reponer el daño que haya causado. Recuerda que, mientras más alejada está un alma del bien, que es Dios, mayor es su sufrimiento. El dolor máximo es la separación completa de Dios.

La religión católica dice que, si la persona pide perdón a Dios por todas sus faltas antes de morir –ante un sacerdote o ante Dios- se salva de ir al infierno. Esa es la razón de la insistencia de enviar un sacerdote a confesar a los moribundos. Para la iglesia católica los sacerdotes tienen el poder de perdonar los pecados en el nombre de Dios.

Los cristianos llamados protestantes, por su parte, explican que lo que te salva es tu fe. Se basan en las palabras de Pablo cuando dice: *"Sin embargo, al reconocer que nadie es justificado por las obras que demanda la ley sino por la fe en Jesucristo, también nosotros hemos puesto nuestra fe en Cristo Jesús, para ser justificados por la fe en él, y no por las obras de la ley; porque por éstas nadie será justificado"* (Gal. 2:16). Por esto, una vez que recibes a Jesús en tu corazón como a tu salvador, El te protege hasta más allá de la muerte. De allí que en todas las iglesias, servicios y eventos cristianos estimulen a la gente a pronunciar palabras como estas: *"Jesús, te acepto como mi Señor y Salvador. Perdona mis pecados e inscribe mi nombre en el libro de la vida".* La gente común que muere nunca se encuentra con seres de los planos infernales. La mayoría de las personas son buenas y han amado mucho. También una gran mayoría cree en Dios de alguna forma. Por eso las experiencias de muerte de una buena parte de la población mundial son bellas y trascendentes, así como lo son aquellas de quienes, a pesar de haber hecho mucho daño a otros, han reconocido sus errores ante Dios y han pedido perdón por sus faltas. Aunque no lo entendamos muy bien, si el arrepentimiento es verdadero y genuino, Dios verdadera y genuinamente perdona todas las transgresiones del alma.

> *Aunque no lo entendamos muy bien, si el arrepentimiento es verdadero y genuino, Dios verdadera y genuinamente perdona todas las transgresiones del alma.*

La voz de la conciencia

La pregunta que sigue a continuación es obvia: ¿Cómo podemos prepararnos en la tierra para alcanzar un alto nivel de evolución espiritual, para seguir por la senda correcta, para ser personas buenas?

La respuesta es que todo te ha sido dado. Dentro de tí hay una voz que te advierte cuando estás haciendo bien y cuando estás haciendo mal. Tú y yo lo sabemos. La mayoría de la gente llama a esta voz "la conciencia". Por eso las religiones y todas las enseñanzas espirituales aconsejan entrar en el silencio, buscar un poco de paz, aislarse para orar o meditar y entrar en comunión con el bien supremo que es Dios. Con eso se acalla la mente, las ideas se hacen más claras y la comunicación con tu conciencia o la presencia de Dios en tí, fluye. Los evangelios cuentan que Jesús pasó cuarenta días y cuarenta noches en el desierto y que constantemente se apartaba del bullicio a lugares de paz y sosiego a orar.

Si sigues tu conciencia evitarás el mal y harás el bien, serás útil a otros, y podrás, efectivamente dar amor. Sorpresivamente encontrarás que lo que te sientes impulsado a hacer en bien de los demás coincide con las enseñanzas sagradas de todos los tiempos. Encontrarás eco en los mensajes de grandes seres de luz y de paz que nos han antecedido en la tierra. En otras palabras, descubrirás que estás siendo un buen judío, budista, musulmán, católico, o cristiano de cualquier denominación. Entenderás el mensaje de amor de Jesús. Por encima de las reglas que han inventado los humanos, a un nivel mucho más alto y profundo, sentirás que sabes lo que estás haciendo, porque es una seguridad que viene desde muy dentro de tí. Te sentirás feliz. Actuando de acuerdo a los buenos consejos de "la voz de

> *Actuando de acuerdo a los buenos consejos de "la voz de tu conciencia", estarás haciendo lo que la gente conoce como "hacer la voluntad de Dios".*

tu conciencia", estarás alejado del mal, haciendo lo que la gente conoce como "hacer la voluntad de Dios".

TODO ESTÁ EN TUS MANOS

El problema es que la mayoría de nosotros hemos aprendido a pensar o comportarnos de maneras que acallan o enturbian esa voz de nuestra conciencia. Es como si el mensaje llegara con mucho ruido y no pudieras escucharlo bien. Por eso fallamos. Te sientes mal cuando tu interacción con otra persona no ha tenido un desenlace armónico y no sabes por qué. Quieres ser bueno pero no siempre lo logras y todo esto sucede porque hay obstáculos en el camino que no te dejan vivir para trascender. En este proceso herimos a otros, nos herimos a nosotros mismos y pasamos nuestra existencia intentando ser felices mientras el tiempo transcurre y la oportunidad de crecimiento espiritual se nos va de las manos. Es como si nos dieran todo el tiempo y las herramientas necesarias para estudiar y pasar un examen con la calificación más alta y nosotros perdiéramos ese tiempo y esa ayuda en otras cosas, sin entender muy bien en qué ni cuándo ni por qué. Es solamente cuando llega el día de la prueba que nos damos cuenta de cuán preparados estamos realmente para ese momento. Todo dependerá de lo conscientes que estuvimos cuando tuvimos la oportunidad.

Por eso lo mejor que podemos hacer en nuestro proceso de preparación para morir bien, es comenzar a identificar y cambiar aquello que enturbia la voz de la conciencia y nos impide vivir bien. Podemos cambiar esas emociones, pensamientos, costumbres, ideas y actitudes que, como rocas gigantescas, llevamos sobre nuestros hombros, nos impiden vivir felices y que van a ser un obstáculo al momento de morir. Todos venimos al mundo a aprender lecciones específicas, a perfeccionarnos espiritualmente. Por eso lo que te sucede a tí no es lo mismo que lo que le sucede a otros. Por eso también cada vida es única en su expresión y en sus experiencias. A tí y a mí se nos dio un tiempo determinado, al cabo del cual nos mandarán a buscar y se espera que en ese tiempo hayamos alcanzado lo que vinimos a aprender en esta vida.

La meta final es convertirnos en seres de luz, totalmente identificados con la esencia pura que es Dios y para lograr esa perfección debemos vencer las tendencias negativas que traemos. Cada vez que te superas a ti mismo es como si subieras los peldaños de una escalera, cuyo fin es la luz infinita.

Sin embargo, recuerda que la naturaleza no conoce el vacío. Por lo tanto, no puedes erradicar conductas o pensamientos sin sustituirlos por otros. Por eso las iglesias, grupos espirituales, consejeros y psicoterapeutas te ofrecen recordatorios que te ayudan en tu proceso, recordándote que la clave del éxito es que cambies lo que no sirve por lo que sí te ayuda. El catecismo católico, por ejemplo, contrasta los pecados capitales y las virtudes de la siguiente manera: *"Contra soberbia, humildad; contra avaricia, generosidad; contra ira, paciencia, contra gula sobriedad, contra lujuria castidad, contra envidia caridad, contra pereza diligencia".*

En la medida en que sueltas las emociones y costumbres que no te sirven y las sustituyes por otras buenas, te liberas, vives más sabiamente y creces espiritualmente, te preparas mejor para tu gran viaje hacia la eternidad. Cada vez que busques mejorar tu conducta y lo logres, subirás un escalón en tu desarrollo espiritual. Te sentirás mejor, más seguro en la vida y más cerca de Dios. El, quien te conoce desde siempre, estará en todo momento de tu vida ayudándote en tu proceso con infinito amor.

Una vez leí en un hos-

A tí y a mí se nos dio un tiempo determinado, al cabo del cual nos mandarán a buscar y se espera que en ese tiempo hayamos alcanzado lo que vinimos a aprender en esta vida.

picio la siguiente frase: "Quien vive bien, muere bien". Es una frase mágica que te quiero recordar. **Vive de tal manera que prepares el lugar adonde vas a ir cuando mueras.** A continuación te presento algunas claves que van a ayudarte a lograrlo. **TODO ESTA EN TUS MANOS.** Tienes libre albedrío. Recuérdalo siempre.

Parte 2
VIVE BIEN PARA QUE MUERAS BIEN

Nunca sientas lástima por tí mismo

Son muchas las cosas que nos entristecen en la vida: situaciones muy penosas, como la pérdida o separación de seres queridos, rupturas amorosas, fracasos, pérdidas materiales, enfermedades, falta de dinero y otras circunstancias. Todas ellas, sin embargo, van moldeando nuestro carácter, enseñándonos durante toda la vida.

Es importante que reconozcas a la tristeza y sus causas, que la aceptes cuando llegue de la misma forma como aceptas la alegría u otras emociones naturales en el ser humano. Aceptarla va a ayudarte a manejarla adecuadamente y a canalizarla de forma constructiva. No obstante, recuerda que no debes permanecer allí. Aceptar una emoción no significa perpetuarla. Llora si necesitas hacerlo. Desahógate, conversa con alguien, escribe tu dolor. Entrégalo a Dios y luego sigue, continua con tu vida y fíjate cuál es el aprendizaje que la tristeza vino a traerte. Ese aprendizaje es el que te ayudará a salir fortalecido de esa experiencia y otras similares. También te preparará para ayudar a otros cuando les toque encarar situaciones parecidas a la tuya. Ahora bien, debes estar muy alerta respecto a lo siguiente: la

> **Aceptar una emoción no significa perpetuarla.**

tristeza lleva a muchas personas a sentir lástima por sí mismos. ¿Cuántas veces en tu vida has llorado, pensando en las cosas negativas que te ocurren y te han ocurrido? ¿Cuántas veces has pasado noches en vela, pensando en un futuro sombrío, imaginando lo que será cuando no tengas esto o aquello, o cuando no estés con la persona que amas, o cuando tus circunstancias hayan cambiado? ¿Cuántas veces te has rebelado contra todo y contra todos, sintiéndote víctima y haciendo cosas de las que luego te has arrepentido?

La lástima por uno mismo es una de las emociones más comunes en los seres humanos. Sin embargo, es también una de las más destructivas. Cuando sientes lástima por tí mismo le das poder a la derrota. Te encierras en un mundo en el que todo es negativo. Comienzas a buscar a los culpables de tu situación. Eso hace que, a su vez, como consecuencia de la frustración que sientes, generes rabia, odio, resentimiento y otras emociones discordantes, dirigidas hacia tí mismo y hacia otros. De tí comienzan a salir cargas de energía negativa, que enrarecen todo tu ambiente y ensucian tu alma. Desde el punto de vista biológico generas una gran cantidad de toxinas que se quedan recorriendo tu cuerpo, debilitándote y enfermándote.

La auto conmiseración, por otra parte, también puede hacerte sentir envidia. De tu corazón pueden salir frases como "...porque él/ella tiene esto o aquello y en cambio yo no..." Lo cierto es que cada vez que te comparas con otra persona encuentras que siempre hay alguien que te supera y siempre tú superas a otros en uno o varios aspectos en la vida. Esa actitud te impide progresar y no te deja apreciar lo bueno que sí tienes y que sí estás recibiendo. La lástima por tí mismo te lleva al temor, inseguridad, a la inacción, a la agresividad o a la desesperanza. Los demás se dan cuenta cuando vives con lástima por tí mismo y te irrespetan. No es culpa de los otros, sino de tu propia actitud mental. Es una emoción inútil que te hace perder momentos preciosos de tu vida ahora y con esa carga tan pesada a cuestas no vas a poder morir en paz.

¿Qué hacer, entonces? La vida nos enseña con ejemplos. Hay personas que sucumbieron ante sus propios pensamientos de fracaso y auto conmiseración y hay

> *A veces las lecciones más grandes de la vida vienen de donde menos nos lo imaginamos.*

otros quienes, a pesar de cualquier desventaja, son testimonios vivientes de lo que tú y yo podemos hacer. A veces las lecciones más grandes de la vida vienen de donde menos nos lo imaginamos.

Mis encuentros con El Campeón

En Venezuela, en los tiempos en que yo estaba entrando en la adolescencia, comenzamos a oir hablar de las "patotas". Es posible que hayan sido una versión inocente de los "gangs" que aparecieron en Estados Unidos. Eran grupos de muchachos que andaban en motocicletas por toda la ciudad, sembrando el pánico por donde quiera que se presentaban. Una de sus prácticas más conocidas era entrar abruptamente en fiestas a las que no habían sido invitados. Los muchachos, todos vestidos con chaquetas de cuero, jeans y botas negras, armados con gruesas cadenas, entraban en el lugar de la reunión, comían, bebían hasta cansarse y se iban, riéndose al recordar las caras de espanto de los invitados y de los propios dueños del lugar.

Al más renombrado patotero de nuestra zona lo apodaban "El Campeón". Agil, rápido y experto en el manejo de su moto, el Campeón arrastraba con su liderazgo a los demás a realizar las "hazañas" más atrevidas del momento.

Una noche estaba yo llamando por teléfono a mi amiga Elena. En aquel tiempo, hace casi cuarenta años, era difícil mantener una conversación telefónica privada. A cada momento se mezclaban las líneas y terminaba uno hablando con desconocidos o ellos enterándose de nuestra vida, sin que nadie pudiera evitarlo. Cuando estaba marcando el número, salió una voz masculina por el otro lado diciendo: "¿Quién es?"

"Yo soy Maria Elisa", le respondí. "Y tú, ¿quién eres?"

"Soy El Campeón. ¿Dónde vives tú?"
Yo no podía creerlo. ¡El Campeón! Nunca lo había visto, pero todos los días oía los comentarios de las muchachas en el colegio al que asistía, hablando de las maravillas que hacía el joven patotero. Todas querían conocerlo, era el ídolo magnético de todas las adolescentes de las urbanizaciones Las Mercedes, Chuao y El Cafetal en Caracas.
"Vivo en El Cafetal", le respondí.
Yo soy muy alta. Mido 1.81 mts. Para aquel momento ya medía 1.78 y mis padres me habían puesto en un tratamiento para detener mi crecimiento. Estaba obsesionada por la altura y por la estatura de los demás. Le pregunté al Campeón:
"¿Cuánto mides"?
A lo mejor le pareció extraña la pregunta, pero enseguida me respondió: "Tengo el cabello negro, los ojos verdes y mido 1.80".
Muchos años después pensé: "¡Vaya manera de venderse a sí mismo!"
Sin embargo, quizás por la originalidad e ingenuidad misma de mi pregunta, El Campeón, a su vez, me preguntó:
"¿Qué edad tienes tú?"
"Doce años", le respondí.
Hasta allí llegó la conversación. Se despidió con un amable "hasta luego" y yo logré que la llamada cayera en la casa de mi amiga. Al contarle lo sucedido, me dijo: "¡Hablaste con El Campeón y le dijiste que tenías doce años! ¡¡No!! ¡Tenías que haberle dicho que tenías quince, o dieciséis!! ¡¡Qué bruta!!!"
Durante toda mi vida me han pasado cosas similares. Abiertamente digo la verdad y, de buenas a primeras, no me cruza por la cabeza decir algo diferente. Nunca aprendí a tener esa rapidez mental. Me sentí extraña ante las palabras de mi amiga y por un momento pensé, como muchas veces antes y después de ese insignificante incidente, que a lo mejor yo no sabía muy bien cómo desenvolverme en la vida, al menos, tal y como parecían saber las demás muchachas del colegio al que yo asistía. Esa sensación me acompañó durante muchos años de mi existencia.

Pasó el tiempo. Me casé y tuve a mis dos preciosos hijos, "los soles de mi amor", como llamo a Guillermo y a Jesús. A los veintiocho años de edad me había divorciado y para entonces tenía un novio llamado Alberto. Era una relación no muy clara, con momentos de mucha alegría y momentos de mucha tristeza y desesperanza.

Una noche fui a buscar a Alberto al aeropuerto cuando llegaba de uno de sus constantes viajes y perdí tiempo mientras estacionaba mi carro. Cuando finalmente me bajé a buscarlo, ya no estaba. Seguramente se había ido para Caracas en un taxi, por lo que me monté de nuevo en mi carro y regresé rumbo a casa de mis padres en El Cafetal, a buscar a mis hijos.

Me fui triste por todo el trayecto, llorando y sintiendo una profunda lástima por mí misma. Enumeré en mi mente todos mis fracasos: mi divorcio, mi inestabilidad emocional, mi inmadurez, mi sentido de inadecuación y falta de rumbo en la vida. Sentí de nuevo la profunda necesidad de un hogar verdadero y de un esposo bueno, sin darme cuenta de que a lo mejor todo aquello que anhelaba era precisamente lo que voluntariamente había botado por la borda al divorciarme de Guillermo, el padre de mis hijos. Mi mente bullía con pensamientos de derrota, angustia y desesperación, mientras copiosas lágrimas corrían por mi rostro. Serían cerca de las ocho de la noche. Decidí entrar a El Cafetal por la urbanización colindante al sur llamada El Llanito y, cuando iba a comenzar a subir la empinada vía principal, ví a un hombre forcejeando con una silla de ruedas. Estaba intentando subir aquella larga calle empujando la silla, de noche y a pie.

Ese hombre era El Campeón. La gente de la urbanización dice que el famoso joven pandillero, pocos días después de yo haberlo escuchado en aquella famosa llamada accidental dieciséis años atrás, había decidido jugar con sus amigos a la ruleta rusa. Uno a uno se pasaron

> *"Veo a Dios en cada persona, en la luz, en el aire que respiro y en la comida con que me alimenta. Lo veo a El en personas como usted, que deciden ayudar a otros sin ni siquiera conocerlos y sin esperar nada a cambio..."*

la pistola que tenía una sola bala, a ver a quién le tocaba. Le tocó a él. El Campeón se disparó en la sien pero no murió. Quedó relegado a una silla de ruedas, con la mirada dispersa y la voz entrecortada. A fuerza de ejercicios constantes recuperó a medias la capacidad de caminar. Realmente no caminaba solo, pero sí podía hacerlo apoyado en algo. Por eso podía empujar la silla de ruedas. Discapacitado y envejecido, aquel muchacho para quien otrora el mundo se abriera de par en par, a los treinta y cuatro años de edad aparentaba mucho más de cincuenta. Detuve mi carro y le ofrecí llevarlo a El Cafetal. Lo ayudé a montarse en el asiento delantero, guardé la silla de ruedas en el baúl del vehículo y comenzamos a rodar. "¿Cómo estás?" –le pregunté. Al tiempo que decía eso, pensaba: "¡Dios mío, ¿cómo es posible? ¿Cómo pudo este muchacho hacer esto con su propia vida?" En el transcurso de todos esos años, y a pesar de haberlo visto muchas veces por las calles de la urbanización empujando su silla de ruedas, jamás en mi vida lo había visto de cerca. Mientras mi mente se iba en conjeturas, El Campeón comenzó a hablar. Sentí que se me erizaba toda la piel. Aquel hombre no respondió un simple "estoy bien, gracias", ni entró a contarme, como era de esperar, los miles de problemas que vivía a diario dada su condición física. En lugar de eso, respondió: "Me siento muy feliz y agradecido a Dios porque me ha enseñado acerca de Su bondad y de Su Amor. Veo a Dios en cada persona, en la luz, en el aire que respiro y en la comida con que me alimenta. Lo veo a El en personas como usted, que deciden ayudar a otros sin ni siquiera conocerlos y sin esperar nada a cambio..."

Me había quedado muda. No atinaba a balbucear una palabra y en realidad no hizo falta, porque El Campeón, líder al fin, se adueñó de la situación. Inmediatamente me preguntó si no me importaba que me recitara unos salmos y comenzó a decir: "Los cielos cuentan la gloria de Dios, y el firmamento anuncia la obra de Sus manos. Un día emite palabra a otro día, y una noche a otra noche declara sabiduría...". Dejé al Campeón con su silla de ruedas cantando alabanzas a Dios en la puerta de su casa y seguí a buscar a mis hijos.

Mi llanto y todas aquellas emociones revueltas habían dado paso a un estado de comprensión profunda. Ahora era yo quien le daba gracias infinitas a Dios por aquella lección inolvidable. Al llegar a casa de mis padres, mientras subía las escaleras del garage que conduce a la puerta de la entrada principal, peldaño a peldaño iba apreciando el milagro viviente que era yo misma. Podía caminar, subir escaleras, ver por dónde iba. Podía oír, hablar, agacharme para recoger a mis hijos y tenía fuerzas para cargar a ese par de muchachitos, la mayor bendición, entre muchas, que Dios me ha dado en la vida. Podía disfrutar abrazándolos, dándoles besos, acariciándolos.

Bendije a mis padres y a mis hermanos, bendije a mis hijos, a mi ex esposo y a todos aquellos en quienes pude pensar en el momento. Bendije al Campeón. Mi corazón le dio las gracias por haber sido instrumento de Dios para que yo valorara lo que yo sí tenía. Mis hijos y yo nos fuimos al apartamento donde vivíamos en La Urbina, cantando y riéndonos. La lección de vida estaba clara y me servirá por siempre como una gran preparación para la muerte.

Hoy te invito a tí a que te acuerdes de este ejemplo, para que nunca le des cabida a la auto conmiseración en tu vida. Acuérdate. Nunca, nunca sientas lástima por tí mismo. Busca las razones por las cuales estar agradecido a Dios. Vas a encontrar muchas más de las que imaginas. Como El Campeón, podrás vivir con aceptación y gratitud y morir en paz cuando llegue tu momento.

El hombre sin manos ni pies

En una oportunidad fui a un curso de gerencia en un salón de Parque Central, en Caracas. El instructor era un renombrado psicólogo llamado César Sánchez, quien hábilmente había diseñado un taller que incluía conocimiento de términos y prácticas gerenciales con elementos de motivación y cambio de conducta.

Tan pronto como el reloj indicó que era la hora de comenzar, César nos dio la bienvenida, se presentó y dijo lo siguiente:

"Como primer ejercicio, por favor, busquen dentro de este grupo a la persona hacia quien sientan más rechazo. Esa es la persona que van a escoger para cumplir con el primer objetivo del taller".

Para aquel momento casi ninguno de los asistentes conocía a los otros. El hábil psicólogo nos había estimulado a contrastar nuestros prejuicios con la realidad, como una manera de enseñarnos a vivir y gerenciar mejor. Nadie me escogió a mí, por lo que decidí buscar yo a alguien.

Entre los estudiantes había un hombre de unos cuarenta y cinco años, que llamaba la atención porque no tenía ni brazos y ni piernas. Lo poco que tenía de muslo en cada pierna estaba apoyado en unas especies de pequeños taburetes forrados de cuero, parecidos a las patas de un elefante, que se ajustaban con correas que le llegaban hasta la cintura. Eso le servía para caminar. Los antebrazos apenas alcanzaban a tener unos cinco centímetros y allí llevaba puestas unas gruesas bandas de cuero, una en cada antebrazo. (Más tarde vi como aquel hombre, con una habilidad pasmosa, ayudado con el antebrazo izquierdo, colocaba el lápiz entre su piel y la gruesa banda de cuero del antebrazo derecho. Así escribía y así estuvo tomando notas durante todo el curso).

Por alguna extraña razón siempre había sentido aprensión por gente mutilada. Cada vez que veía a una de estas personas mi primera reacción, casi instintiva, era la de evitarla, no verla, ignorarla y seguir de largo. Era como si me invadiera un gran temor, una inmensa angustia solamente al presenciar su estado de discapacidad física. Por esta razón decidí escoger al hombre sin brazos ni piernas.

Me acerqué adonde él se encontraba, me presenté y él, con mucha serenidad, extendió el muñón que hacía las veces de su mano, al tiempo que me decía: "Mucho gusto".

Me preguntaba que hacía una persona como él en un curso de gerencia. A los veintitrés años de edad, prejuiciada e ignorante acerca de tantas cosas en la vida, yo no alcanzaba a imaginar a quién iba a supervisar ese señor, qué empresa iba a conducir o qué organización iba a levantar, para lo cual necesitaba estar en aquel taller. "Mucho gusto", le dije, y comenzamos a conversar.

Una vez más, la vida me dio una bofetada en plena cara. No recuerdo el nombre de este hombre, pero sí recuerdo vívidamente los detalles de lo que me contó. Era uno de los principales organizadores de una institución a nivel internacional, cuyo objetivo era ayudar a personas discapacitadas físicamente a lograr sus metas en la vida. "Mucha gente se siente morir cuando pierden un miembro en una operación quirúrgica o en un accidente –me explicó- pero para ellos hay una gran esperanza. Nosotros existimos para ayudar a que estas personas se recuperen psicológicamente, se abran paso por la vida, trabajen, hagan deportes, sean productivos y útiles. Los ayudamos a triunfar aunque no tengan brazos, manos o piernas".

Aquel hombre sin manos ni pies, quería conocer claves para ser más efectivo y útil a quienes, por haber perdido un dedo, una mano, una pierna o un brazo, sentían que ya no valía la pena vivir. El, mientras tomaba notas con aquel lápiz incrustado en la banda de cuero de su mutilado antebrazo, como mensaje viviente, nos develaba a todos un invalorable secreto para triunfar en la vida.

Creo que no habrían pasado tres minutos de conversación cuando ya yo estaba hipnotizada. Aquel hombre trabajaba incansablemente por otros, llevándoles un mensaje de aliento y esperanza. Me explicó que, en la organización que liderizaba, la gente aprendía cómo manejarse con los miembros que les habían quedado y los orientaban para llevar una vida digna trabajando en diferentes actividades, las cuales incluían el hacer y vender piezas de arte como pinturas o esculturas. También hacían carreras en sillas de ruedas y otras competencias similares. Por encima de todo, les recordaban que sus posibilidades de éxito en la vida seguían siendo inmensas y se lo demostraban. Les levantaban su autoestima y los estimulaban a ayudar a otros. Esto sucedió hacia el año 1978, cuando todavía no se había inventado el fax ni soñábamos con internet, en un tiempo en que lo que se conocían eran las prótesis mecánicas, costosas, aparatosas y poco accesibles al público común.

Pero lo más impactante del relato vino luego, cuando el gentil señor me explicó cómo se ganaba la vida. Tenía su propio negocio... ¡¡haciendo miniaturas!! Entre la gruesa banda de cuero y la parte de antebrazo derecho que tenía, este hombre colocaba su instrumento para tallar madera. Con el otro muñón apoyaba la pieza de madera y, lentamente y con una asombrosa precisión, comenzaba la talla. A veces también se ayudaba con un torno. El producto final eran mesitas, sillitas, mueblecitos y cualquier cantidad de adornitos en miniatura. Piezas únicas de colección cuyo valor intrínseco sobrepasaba con creces el precio en moneda que pudieran tener.

Aquel hombre sin manos ni pies, estaba en ese curso no porque quisiera ser gerente, ¡sino porque quería ser un **mejor** gerente! Quería conocer claves para ser más efectivo y útil a quienes, por haber perdido un dedo, una mano, una pierna o un brazo, sentían que ya no valía la pena vivir. El, mientras tomaba notas con aquel lápiz incrustado en la banda de cuero de su mutilado antebrazo, como mensaje viviente, nos develaba a todos un invalorable secreto para triunfar en la vida.

Vive sin lamentaciones, resentimientos, sentimientos de derrota ni auto conmiseración. Reconoce tus posibilidades, utiliza tus recursos, da gracias a Dios por lo que tienes, sal adelante y busca a tu alrededor a ver a quién puedes ayudar. Olvídate de lo que los demás puedan pensar de tí y más bien piensa tú en ellos. Cuando comiences a pensar y a actuar de esta forma vas a ver un cambio radical en tu vida. Vas a estar contento donde estés, como y con lo que tengas, comprenderás que has dado un gran paso hacia tu liberación y estarás mucho más preparado para cuando llegue tu momento de morir. Recuérdalo siempre.

Carmencita, el ángel que cantaba

Los primeros diez años de mi vida laboral fueron de intenso aprendizaje y crecimiento tanto profesional como personal. Mi ex esposo Guillermo y yo habíamos abierto una empresa de reclutamiento y selección de personal, llamada "Eagle Services", en Caracas, adonde acudían diariamente decenas de personas desempleadas o en busca de mejorar su situación laboral. Para la mayoría de los que vivimos en el mundo occidental contemporáneo tener empleo es una necesidad vital. Cuando alguien no tiene trabajo no tiene dinero y la falta de dinero desencadena cualquier cantidad de problemas emocionales y situacionales que pueden llegar a ser muy graves.

Nuestro trabajo consistía en evaluar las habilidades, aptitudes, formación académica y experiencia de trabajo de cada solicitante y decidir para qué empresa y qué cargo estaban mejor preparados. De esa forma ayudábamos a la persona a ubicarse en un empleo cónsono con sus habilidades, capacidad y experiencia, mientras que los empleadores recibían el beneficio de contar con empleados motivados y preparados para desempeñar sus funciones eficaz y eficientemente. Nuestros honorarios siempre eran pagados por la empresa contratante y nunca por quien solicitaba el empleo.

Tuvimos mucho éxito con esta actividad, especialmente porque lográbamos "encajar" la capacidad o potencial de trabajo y la personalidad de cada aspirante con el cargo vacante, la filosofía y cultura organizacional de nuestros clientes. Como parte del proceso administrábamos pruebas de inteligencia y personalidad, pero la verdadera clave estaba en la entrevista personal que teníamos individualmente con cada solicitante. En esa conversación nos enterábamos de muchos detalles de la vida de cada quien y llegó un momento en el que las entrevistas de trabajo pasaron rutinariamente a convertirse en consultas psicológicas. La gente nos hablaba de su pasado y su presente, nos confiaba sus problemas y angustias, y luego salían de la entrevista reestructurados, conscientes de sus fortalezas y debilidades, con la mirada puesta en los objetivos que querían cumplir. Coronábamos el proceso cuando recibíamos la llamada de la empresa cliente diciéndonos que la persona que habíamos referido había sido aceptada para el empleo.

Cuando entrevisté a Eugenia me contó que hacía unos años ella y su hermana habían tenido un accidente en la autopista Caracas-Valencia. Esa es la vía que conecta el centro con el occidente de Venezuela. Desde de hace muchos años, más de veinte, quizás, los canales están en reparación y los remiendos en el pavimento nunca parecieran tener final. Hay fallas de bordes, se abren grietas y huecos por todas partes. La importante vía de uno de los principales países productores de petróleo en el mundo, se hunde en unos sitios y le salen protuberancias en otros. Al día de hoy, en el año 2006, no sabría decir cuántas vidas se han perdido a causa de accidentes en esa autopista.

Con el impacto del choque el parabrisas del vehículo se había vuelto añicos y a Eugenia se le habían incrustado pedazos de vidrio en los ojos y por toda la cara. La hermana de Eugenia había muerto en el acto y Eugenia había sido llevada al servicio de cirugía plástica y reconstructiva del Hospital Vargas en Caracas. Allí le vendaron los ojos y le cerraron la boca y, pacientemente, los médicos comenzaron a trabajar en la reconstrucción de todo su rostro.

Eugenia contaba que sus primeros días en aquel hospital fueron muy tristes. Se sintió terriblemente adolorida y sola. El no poder moverse, no poder hablar ni ver agudizaban aún más el dolor que sentía por haber perdido a su querida hermana de una manera tan sorpresiva e inesperada. Allí, en ese hospital, donde no conocía a nadie, lloraba en silencio hasta que un día escuchó unas voces que la saludaban. Quienes llegaron se identificaron como sus amigos y le dijeron a Eugenia que el médico ya había dado permiso para que la fueran a visitar. Uno a uno fueron presentándose, mientras le tomaban la mano. Le dijeron que pronto se recuperaría, que tuviera fe y que ellos, sus amigos, estarían allí incondicionalmente para ayudarla en lo que pudieran. Eugenia sintió ganas de reír y llorar al mismo tiempo. También sintió un profundo agradecimiento y cariño hacia aquellas personas a quienes no conocía y que, sin embargo, en tan pocos segundos la habían impactado tanto. Mientras trataba de poner en orden todas esas emociones, una de las voces, quien se identificó como Carmencita, le dijo que le iba a cantar una canción.

Y así fue. Carmencita se colocó a la cabecera de la cama de Eugenia y comenzó a cantar. Eugenia decía que parecía la voz de un ángel del cielo. Como un bálsamo de dulzura indescriptible, llenaba su traumatizada alma de paz. Ese día se pusieron todos de acuerdo y convinieron en que todos irían a ver a Eugenia diariamente, para hacerle compañía y estimularla en su proceso de recuperación.

Eugenia oscilaba entre momentos de angustia, depresión, incertidumbre y esperanza. Cuando quería algo tomaba a tientas un bolígrafo y un cuaderno que le habían puesto al lado de su cama y allí escribía lo que necesitaba. Sin embargo, lo que más la calmaba era la voz de Carmencita. "Quiero que Carmencita me cante", escribía Eugenia, cuando la depresión y la desesperación comenzaban a apoderarse de ella. A los pocos minutos de que alguien hubiera leído el mensaje, Eugenia oía los pasos de aquel ángel que venía a verla. Carmencita se colocaba invariablemente a la cabecera de su cama y le cantaba amorosamente, mientras con la mano le acariciaba el cabello. El tiempo pasaba y los médicos continuaban haciéndole operaciones a Eugenia en la cara, la boca y los ojos. La reconstrucción de la boca terminó, Eugenia pudo hablar y comer de nuevo y tanto ella como sus amigos quedaron a la espera del gran día cuando, por fin, podría volver a ver. Mientras tanto, juntos pasaban momentos inolvidables. Se reían, contaban cuentos y, sobre todo, Eugenia parecía transportarse a otra dimensión cada vez que Carmencita le cantaba con su voz angelical.

El gran momento llegó cuando Eugenia podría ver otra vez. La última operación había resultado un éxito. Fijaron el día y la hora en que le quitarían la venda de los ojos y todos, Eugenia, Carmencita y sus amigos, estaban en un estado de agitación especial, esperando el resultado.

El médico le quitó la venda a Eugenia, la felicitó y lo primero que ella hizo fue buscar con la mirada, entre quienes estaban alrededor de su cama, a Carmencita y sus amigos. Estaba impaciente por verlos, por conocer los rasgos físicos de aquellas personas que por todo ese tiempo se habían convertido en todo para ella en aquel hospital.

Pero lo que vio fue espeluznante. Sus amigos eran seres deformes, que estaban en el servicio de cirugía plástica y reconstructiva mientras los médicos, pacientemente, hacían lo que podían por arreglar sus desfigurados cuerpos y rostros. Cada uno había sufrido un accidente distinto. Uno tenía un ojo mucho más arriba que el otro, y la nariz aplastada contra la cara cicatrizada. La famosa Carmencita era una mujer que había sufrido quemaduras de tercer grado cuando una olla de agua hirviendo le había caído encima. Era como una masa amorfa, donde la cara y cuello parecían un solo amasijo de carne apelotonada. El estereotipo que existía en la mente de Eugenia no se correspondía para nada con lo que la realidad le estaba mostrando.

Eugenia se estremeció. Esbozó una ligera sonrisa y cerró los ojos. Sin poder evitar el llanto, su alma comenzó a luchar contra el rechazo que había sentido por todas aquellas horribles criaturas. En su desesperación, sin embargo, pensó: "¡Dios mío! ¿Cómo es posible que, cuando no podía ver aceptaba, necesitaba y AMABA a estas personas, que tanto bien me han hecho? ¿Y ahora que puedo verlas, siento rechazo porque no me gusta lo que veo?"

Eugenia lloró por muchos días. Lo que nunca supieron los médicos, Carmencita y sus amigos, era que ese llanto estaba hablando del crecimiento del alma de Eugenia. Carmencita y sus amigos la habían enseñado a ver con los ojos internos lo que muchas veces nos oscurece la visión externa.

Cuando Eugenia salió del hospital se prometió a sí misma visitar a sus amigos cada mes. Al momento de nuestra entrevista dijo que así lo había hecho. Los iba a ver, los abrazaba, los besaba, les llevaba dulces y frutas. Compartían ideas, contaban chistes y Carmencita cantaba. Con la dulce voz con la que había consolado a Eugenia en los momentos de su más profunda soledad, ahora le cantaba a la mujer que, triunfante una vez más, se abría de nuevo paso en el mundo al que probablemente ni ella, Carmencita, ni sus amigos, podrían salir ya más.

Eugenia salió muy bien en las pruebas tanto psicológicas como de habilidades que le administramos. La enviamos a una empresa, pero no logramos que la contrataran, no recuerdo por qué. Pero eso no la afectó. Con una gran seguridad en sí misma siguió su camino y seguramente consiguió el empleo que buscaba. Estaba preparada laboralmente y, más importante aún, estaba equipada de sabiduría para hacer frente a cualquier situación que la vida le pusiera por delante.

La próxima vez que sientas lástima por tí mismo, detente. Lo más probable es que estés viendo con los ojos físicos lo que debes ver con los ojos de tu alma.

A mí me dejó su relato como una inolvidable lección, que hoy quiero compartir contigo.

Te invito a que comiences desde ahora mismo a soltar todo aquello que te haga sentir lástima por tí mismo. Todo aquello que te haga sentir inferior, inadecuado o perdedor. Cambia esas emociones como quien cambia un canal de televisión. Piensa en todas las oportunidades con que cuentas, en todo lo que puedes hacer con lo que tienes a la mano. Te sorprenderás de ver la infinita cantidad de opciones que se abren ante tí, aún en las condiciones que consideres más desventajosas. Ayuda a otros sin hacerte daño a tí mismo, sin menospreciarte y sin sentirte mártir. Así como otros lo hicieron, tú también puedes lograrlo. Cuando te llegue el momento de morir y veas hacia atrás, verás a una persona nueva que en un determinado momento de su vida decidió no sentirse víctima nunca más, que fue útil y que triunfó. Verás cómo esa persona, que eres tú, tomó las riendas de su vida y sus circunstancias y ayudó efectivamente a otros en su paso por la vida. Te sentirás seguro de presentar tus logros a Dios, cuando juntos estén revisando lo que hiciste mientras viviste.

La próxima vez que sientas lástima por tí mismo, detente. Lo más probable es que estés viendo con los ojos físicos, en ti y en otros, lo que debes ver con los ojos de tu alma. Recuérdalo mientras vivas y tenlo muy presente cuando te llegue tu momento de partir, de manera que te vayas serenamente y con una sonrisa de agradecimiento en los labios.

No al suicidio

El suicidio emocional es el hermano gemelo de la depresión.

Generalmente van de la mano como compañeros inseparables y tienen dos madres: la lástima por uno mismo, la culpa o ambas. Cuando la persona solamente ve las cosas de una manera, no acepta otras ideas, se culpa o entra en estados de auto conmiseración, está dando paso a la frustración y a la depresión. Sabiendo esto quizás puedas ayudar a muchas personas que aún no sepan por qué se sienten mal y quizás incluso puedas ayudarte a tí mismo.

Ví pocas veces a Ruth. Ella era amiga de Richard, mi amado esposo, muchos años antes de que Richard y yo nos conociéramos. Cuando supe de ella por primera vez formaba parte de un pequeño círculo de amigos que querían jugar al psicólogo, haciendo terapia de grupo sin ningún facilitador que conociera de la materia. A esas peligrosas reuniones habían invitado a Richard y él, a su vez, quiso que yo fuera. Obviamente, rehusé la invitación. Con tres años y medio de psicología aprobados a nivel universitario, una madre psicóloga y más de veinticinco años de experiencia en psicología, bien sabía yo los alcances que podía tener un grupo así. Al poco tiempo dejaron de reunirse, a Dios gracias, pero entendí lo que había tras todo aquello. Ese grupo, al igual que la mayoría de los seres humanos, se encontraba en la búsqueda de soluciones. Querían saber cómo alejar el dolor y el sufrimiento que persigue a la gente mientras vive. Querían saber cómo darle sentido a sus existencias y lograr vivir en paz, sin saber cómo hacerlo y sin contar con las herramientas profesionales adecuadas para lograrlo.

Ruth vino varias veces a nuestra casa a traernos fotos y manuales que hablaban de cómo reconocer a las diferentes variedades de pájaros que hay en Louisiana. Un buen día, sin embargo, nos enteramos de que había decidido encerrarse en sí misma. A pesar del amor y la ayuda desinteresada que recibía de amigos y miembros de la iglesia a la que acudía, Ruth se había sumido en la más absoluta depresión y había intentado quitarse la vida.

La segunda vez que intentó suicidarse nuestra amiga Cheryl se la llevó a su casa, donde la atendió, le dio afecto y solidaridad. Pero Ruth, reacia a todo tipo de ayuda, se fue con su carro a un centro comercial, donde se estacionó y se tomó una gran dosis de pastillas para dormir. No murió. La encontraron y la llevaron a un hospital. Cuando salió de allí, Cheryl le pidió que no volviera a su casa. Tenía dos hijas entrando en la adolescencia y no quería que las niñas fueran testigos de cómo ella, Ruth, desafiaba el amor que recibía de Cheryl, de otros miembros de la iglesia y de Dios, intentando quitarse la vida. Ese no era el ejemplo que Cheryl quería para sus hijas. Mucho menos quería exponerlas a presenciar una tragedia inútil y sin sentido. Ruth se fue de la casa de Cheryl. No supimos más de ella hasta el día en que nos llamaron por teléfono para decirnos que se había suicidado de un tiro en la cabeza.

Recuerdo que mi primera reacción fue de rabia. No entendía. ¿Por qué lo había hecho? Millones de paralíticos, cojos y mancos en el mundo hubieran dado lo que fuera por tener dos pies, dos manos y dos piernas como ella. Millones de ciegos hubieran querido tener la vista que Ruth tenía, para poder apreciar la vida en toda su plenitud. Muchos sordos hubieran deseado tener su oído, para escuchar el canto de la naturaleza en su constante alabanza a Dios. Otros hubieran querido tener su inteligencia y muchos más hubieran querido contar con la oportunidad de vivir en un país de libertades como Estados Unidos, donde ella había nacido y vivido por siempre.

Pero Ruth no valoró nada de eso. Solamente vio lo negativo de su vida, lo oscuro, lo que no había logrado alcanzar. No vio el sí, sino el no y el vacío. Y, en aquel instante fatídico, la lucha entre el bien y el mal que a diario libramos en nuestras almas, fue ganada por el mal. Ruth, en el mayor acto de rebeldía que un ser humano pueda llevar a cabo, rechazó la oportunidad tan hermosa que Dios le había dado para vivir y servir a otros. Se fue sin saber adónde, a sabiendas por su propia religión, de que estaba violando la máxima ley divina, que es la del amor hacia nosotros mismos, hacia otros y hacia Dios.

¿Qué pasó con Ruth? El día en que se suicidó había niños hambrientos esperando un pedazo de pan, enfermos necesitando ayuda y ancianos viviendo en absoluta soledad. Su propia madre es una mujer anciana y enferma, quizás la primera persona que la necesitaba. El mundo pedía auxilio a gritos, pero ella no los escuchó. Cerró sus ojos y oídos a la necesidad ajena y solamente se concentró en la tragedia de su vida, cualquiera que haya sido. Con el dinero con el que hubiera aliviado la necesidad de alguien se compró una pistola y con las manos que hubieran podido extenderse con amor hacia otros apretó el gatillo y se quitó la vida.

Aunque aún no esté muy claro para ti, fuiste creado por amor y puesto aquí para que cumplas un objetivo en el tiempo que te ha sido dado. Es un plan sagrado, que nadie, mucho menos tú mismo, puede interrumpir.

Es un triste ejemplo que no debemos seguir jamás. Aunque aún no esté muy claro para ti, fuiste creado por amor y puesto aquí para que cumplas un objetivo en el tiempo que te ha sido dado. Es un plan sagrado, que nadie, mucho menos tú mismo, puede interrumpir.

Es muy importante que sepas que **el suicidio no resuelve** los problemas de nadie. Por el contrario, acarrea consecuencias graves tanto para quien lo lleva a cabo como para los demás que quedan en la tierra afectados por la acción de quien se fue. El alma de quien se suicida debe enfrentarse con su propio juicio, el más duro de todos. En realidad le aguarda un sufrimiento más grande y, una vez que ha comprendido frente a la amorosa presencia de Dios, debe reparar el mal que ha hecho. De nuevo regresamos a las palabras de Jesús cuando dice: *"Te aseguro que no saldrás de allí hasta que pagues el último centavo"* (Mateo 5:26). La historia de vivencias y pruebas se repetirá una y otra vez hasta que el alma se supere a sí misma a través del amor por Dios, por sí misma y por los demás.

Llévale este mensaje a quienes veas agobiados por los problemas de su vida. Ayúdalos a que busquen orientación psicológica, financiera, social, espiritual. Ayúdalos a romper las cadenas que puedan tener con pensamientos obsesivos y enséñalos a ver que sí hay opciones, salidas y continuidad. Estimúlalos a recordar que **siempre hay un mañana, siempre**, y que deben salir de su mundo para ayudar y servir a otros en necesidad. La depresión es el punto máximo de la lástima por uno mismo.

Sabiendo esto, puedes corregir la causa y evitar su desastroso efecto.

Recuerda que la vida que tienes es el mayor regalo que se te ha dado y fíjate que son muchos más los momentos bellos que te ofrece que aquellos que te disciplinan. Cuídala, agradécela y vívela a plenitud sirviendo mientras aprendes. Y no te canses nunca de servir. El servicio de amor desinteresado es el mejor remedio contra la tristeza, la lástima por ti mismo, la culpa y la depresión. Al servir comprendes, te sensibilizas y te olvidas de tus propios fracasos. Entonces, como por arte de magia, tu vida se llena, la alegría te inunda y eres verdaderamente feliz, mientras continúas preparando tu viaje hacia la eternidad.

La renuncia te ayuda a crecer

El apego a cosas materiales y personas es una de las grandes causas de nuestro sufrimiento en la tierra y también es causa de angustia y penar cuando nos vamos. Por esta razón tanto las enseñanzas sagradas de Jesús como la antigua sabiduría oriental insisten en el desapego como forma de liberación del alma.

Cuentan los evangelios que, en una ocasión, se acercó a Jesús un joven rico, muy correcto, interesado en saber cómo se alcanzaba la vida eterna. Jesús amorosamente le dijo: *"Una sola cosa te falta: anda, vende todo lo que tienes y dáselo a los pobres, y tendrás tesoro en el cielo. Luego ven y sígueme"* (Mar. 10:21). Las historias de santos cuentan cómo muchos de ellos se sacrificaban, dejaban de comer y renunciaban a un sin fin de cosas en la vida, intentando de esa forma ejercitar el desprendimiento de lo que pudiera atar sus almas a la tierra. Lo mismo hacen muchos líderes espirituales, monjes y ascetas en todo el mundo. Voluntariamente renuncian a algo, con o sin votos, como una manera de fortalecer su disciplina y estar más preparados para lograr los objetivos espirituales que buscan.

Siempre que el renunciante esté consciente de lo que busca con su renuncia y no entre en contradicciones existenciales, los votos funcionan. Sin embargo, cuando la renuncia pierde significado y se convierte en una imposición externa a la persona, se transforma en mentira. En esos casos es preferible renunciar al voto y vivir una vida de honestidad frente a uno mismo y frente a Dios.

Todos renunciamos a algo o a alguien en algún momento de nuestras vidas. Cada vez que dejas lo que estás haciendo para ayudar a otros, por ejemplo, estás ejercitando la renuncia. Cada vez que una madre deja de dormir para cuidar a su hijo enfermo, está creciendo espiritualmente. Lo mismo está haciendo el que sacrifica su sueño para ir a trabajar con miras a alimentar a su familia, el que deja de comer para darle a otros, el que ofrece parte de su tiempo, vida o esfuerzo para ser de bien a alguien. En la iglesia a la que asistimos mi esposo y yo hay una señora mayor llamada Lucy. Debe tener, al menos, ochenta y cinco años, si no más. Está completamente lúcida y la llevan a la iglesia en una silla de ruedas. Pero, ¿qué hace Lucy? Se olvida de que no puede caminar y de que ya ella está para que la atiendan. Después del servicio de las 6:15 de la tarde es llevada a la capilla de la iglesia donde se instala, con dos o tres personas más, a orar por todos los que han pedido intercesión. A ella le entregan todas las notas de los feligreses que se encuentran necesitando que Dios las ayude. Nuestro pastor Chris Andrews ora con Lucy colocando sus manos sobre el fajo de peticiones y luego Lucy y sus amigos, calmadamente, leen cada papel, uno por uno, y oran por cada una de esas personas en necesidad. Lucy y sus amigos no se van hasta que no han orado por todos.

Ahora mira tu vida. ¿Te das cuenta de cuántas veces has renunciado y sigues renunciando a lo que tú quieres, en función de objetivos más altos? Hasta los pocos minutos que puedas dedicar a acariciar a un animalito cuentan en el mundo espiritual. El amor desinteresado, el despego a cosas y personas, la renuncia, todo suma puntos en el crecimiento de tu alma.

> *Las personas que aprenden a soltar sus ataduras materiales y afectivas se van en paz.*

No te aferres a nada ni a nadie. Suelta, sé libre y deja en libertad a otros. Las personas que aprenden a soltar sus ataduras materiales y afectivas se van en paz. Recuerda esto: El desapego y la renuncia te liberan en la tierra y preparan tu alma para cuando te llegue el momento de trascender.

Deja tus cosas listas

En la primera charla en español que dio Primerica en Louisiana, mi amiga Diana Urrutia explicó que en Estados Unidos solamente el 17% de los hispanos tiene un seguro de vida y otros pocos tienen un testamento escrito. ¿Qué significa eso? Tú sabes la respuesta. La mayor parte de la gente deja a sus seres queridos desprotegidos económicamente y en necesidad. ¿Por qué? Porque muchos no quieren que nadie les recuerde que van a morir. Como el avestruz esconden su cabeza dentro de la arena hasta que el temido día llega. Por la razón que sea se van de la tierra y con ello empiezan las angustias del alma. Quien se ha ido comienza a sufrir en el otro plano viendo a los suyos en necesidad. Quiere hablarles y ayudarlos pero ya no puede. En condiciones normales no hay comunicación directa entre los planos. El alma no puede seguir su camino porque siente culpa y tristeza por los suyos. Mientras más difícil sea la situación que se deja sin concluir en la tierra, mayor es la confusión del que se va.

Así como muchas familias han quedado sin medios cómo sobrevivir, cuando la muerte se ha llevado inesperadamente a la persona que proveía el sustento para el hogar, en otros casos familias enteras se han peleado entre sí hasta llegar a puntos irreconciliables, reclamando cada uno para sí los bienes materiales y riquezas de quien ha muerto. ¿Te imaginas el sufrimiento del que se fue al ver todo eso, sin poder comunicarse con ellos para resolver el problema que dejó?

No corras riesgos innecesarios y más bien encárgate desde ya de dejar todas tus cosas en orden.

Tú puedes evitar todo esto. No corras riesgos innecesarios y más bien encárgate de dejar todas tus cosas en orden desde ya. Informa si quieres que tu cuerpo sea cremado, donado o enterrado, si tienes seguros, pagos funerarios y cualquier clase de activos, o posesiones. Déjalo todo por escrito y en documentos legales que ayuden a resolver las cosas cuando ya no estés. No lo pospongas, porque estás jugando con el azar y, si mueres sin dejar tus cosas listas, te vas a angustiar. Vas a crear problemas para tí mismo y para los demás.

Germán, el esposo de nuestra querida amiga Blanquita, era un joven profesional felizmente casado y con tres preciosos hijos, conocido y exitoso ingeniero hidráulico. Siempre le contaba todo a Blanquita y todos los días iba a almorzar a su casa. Por esa razón ella se molestó un día en que él la llamó diciéndole que no iría a comer. Había decidido tomar aquel tiempo para reunirse con unas agentes que le estaban vendiendo un seguro de vida. Blanquita dice que, incluso, sintió celos de aquellas "agentes" con las que su marido iba a estar en lugar de irse a su casa. Pero las cosas quedaron así y no se habló más del asunto.

Aproximadamente tres meses después, mientras Germán supervisaba una obra en construcción, se dio cuenta de que en el lugar había un hombre, ya mayor, sin casco protector. Sabiendo el accidente que eso podía ocasionar Germán, en un espontáneo acto de nobleza, se quitó su casco y se lo dio al hombre. Al fin y al cabo, pensaría Germán, él era el ingeniero, estaba acostumbrado a ese trabajo y sabía protegerse mucho mejor que otros. Sin embargo, nadie sabía lo que sucedería después. Al poco rato, de algún sitio de la obra, saltó una piedra que voló y le cayó directamente a Germán en la cabeza. Se lo llevaron de inmediato a la clínica y le avisaron a Blanquita y a toda la familia. Los esfuerzos médicos fueron en vano y Germán murió, cuando su vida apenas comenzaba a dar frutos.

Blanquita cuenta que al llegar del entierro recibió una llamada telefónica de una de las agentes, quien le recordó que su esposo le había dejado un seguro con el que quedaba protegida toda la familia. Blanquita cuenta que fue precisamente con ese dinero que pudo salir adelante y educar a sus tres preciosos hijos, hasta convertirlos en exitosos y destacados profesionales.

No así fue la historia de Marcelo. Contento con la oportunidad que le ofrecía la vida, se vino de México a Estados Unidos con una visa de trabajo a ganar dinero por unos meses. Constantemente se comunicaba con su familia, les enviaba remesas cada vez que cobraba y todo parecía ir muy bien hasta una madrugada en que decidió salir a quién sabe dónde en un camión de la empresa. Estaría regresando cerca de las 5 de la mañana cuando, aparentemente, perdió el control del vehículo. Su cuerpo salió disparado y cayó en el pavimento. Allí murió el muchacho, en un país extraño, solo y sin poder decirle adiós a nadie. Cuando quisieron llevarlo de regreso a México hubo que juntar recursos. El Consulado Mexicano en Houston colaboró muchísimo con el traslado del cadáver, incluso económicamente. Otros reunieron dinero en México para el entierro y la viuda quedó con dos hijos menores sin saber qué hacer. Uno de sus sorprendidos compañeros de trabajo me dijo: "Es que él no dejó ni un seguro ni nada..."

Si no tienes nada o tienes muy poco para dejar a tu familia quizás es aconsejable que les compres un seguro de vida. De esa manera, si te llegara el momento de morir cuando los tuyos aún te necesitan y no pueden reemplazar por sí solos el ingreso que tú les traes, el seguro cubrirá parte de esas necesidades y los ayudará a seguir adelante en la tierra. Eso a tí te dará una gran paz en el otro plano, porque sabrás que has dejado a los tuyos protegidos económicamente, al menos por un tiempo.

Si tienes algo o mucho qué dejar, escríbelo ya. Haz un testamento, legalízalo y deja bien clara cuál es tu voluntad. Infórmale a los tuyos dónde están tus documentos valiosos e instrúyelos en cuanto a lo que deben hacer en el momento en que tú mueras.

Sin apegos, sabiendo que has dejado tus cosas en orden en la tierra, podrás emprender sin trabas tu viaje a la eternidad cuando te toque. Recuerda también que una vez que hayas muerto no podrás quedarte tratando de resolver lo que no hiciste en vida, sino que deberás continuar tu camino hacia Dios.

La anciana que no podía morir

La vida misma nos va enseñando sus grandes leyes mientras vivimos y, en la medida en que vamos aprendiendo, soltando y aceptando, maduramos espiritualmente. Cuando aprendemos el apego comienza a desaparecer, las vivencias se hacen más profundas y nuestra capacidad de aceptación comienza a indicarnos el camino hacia el no dolor, hacia la liberación del sufrimiento.

Sin embargo, no todos aprendemos al mismo ritmo. A veces tenemos conductas muy arraigadas que nos afectan hasta impedirnos morir en paz.

Todavía recuerdo cuando me llamó por teléfono el Dr. Saúl Briceño a la casa que le había comprado en La Suiza, a 45 minutos de Caracas. Aquel buen médico estaba angustiado por una de sus pacientes, quien pronto iba a morir a causa de serios problemas respiratorios. La mujer, quien gozaba de una holgada posición económica, observaba un comportamiento difícil de entender y el Dr. Briceño quería saber cómo ayudarla a entender antes de su muerte.

La enferma, siguiendo los consejos del Dr. Briceño, había comprado una unidad de aire acondicionado para su cuarto. El médico esperaba que el aire un poco más frío la ayudara a respirar mejor en el a veces asfixiante calor de Valencia, en Venezuela, donde vivía. Sin embargo, ella decidió que no haría funcionar la unidad para no gastar dinero. El Dr. Briceño intentó explicarle que, por su bienestar, bien valía la pena pagar el poco aumento que experimentaría su cuenta de electricidad. Sin embargo ella, al igual que todos nosotros, actuaba de acuerdo a como pensaba. Inflexiblemente se aferró a su decisión de no gastar, mientras se le iba la vida de las manos.

Aquella señora no quería aceptar que estaba por morir y tampoco podía soltar ni su dinero ni su control. Tenía miedo de perder, de no tener, pero debía desapegarse de las cosas terrenales si quería morir en paz.

Al parecer, el Dr. Briceño no logró convencerla, no pudo ayudarla. Me llamó alrededor de un mes después, para decirme que la señora había fallecido, dejando intacta la unidad de aire acondicionado que la hubiera ayudado a vivir un poco más cómodamente los días que le quedaban.

Por lo que dijo el Dr. Briceño cuando me llamó por primera

vez, era evidente que esa pobre mujer no estaba preparada para morir. Como ella muchos se aferran al dinero o a bienes materiales y expresan también un sentimiento de gran temor hacia la muerte.

Es esencial que recuerdes que el momento llegará para tí en el que lo que lograste acumular, en cualquier orden de la vida, deberá ser pasado a otros. Suelta y libérate para que puedas irte feliz en el momento en que te corresponda.

> Suelta y libérate para que puedas irte feliz en el momento en que te corresponda.

Qué pasa con las almas que se quedan entre planos

Cuando las personas mueren sin entender lo que les ha pasado o cuando están demasiado aferradas a cosas, personas o lugares, se quedan atrapadas entre planos. Permanecen alrededor de lo que conocieron en vida y muchas veces se manifiestan a los que llegan allí, pero no pueden estar completamente en la tierra como cuando tenían cuerpo físico. Por su misma condición de apego a lo terrenal tampoco pueden ver la luz y seguir su camino hacia la verdadera y eterna felicidad. Estas almas experimentan un gran sufrimiento, que puede ser aliviado con oraciones de quienes han quedado en la tierra. El alma se libera cuando finalmente acepta que ya no tiene cuerpo físico y llama a Dios expresando voluntariamente su deseo de ir hacia El.

Mucha gente ha visto o percibido a seres atrapados entre dimensiones. En los sitios donde se han quedado pueden oírse voces, pisadas o ruidos varios. También puede ser que se muevan objetos físicos. Hay gente que reporta, por ejemplo, haber visto una cama en la que un lado del colchón se hunde, como si alguien estuviera acostándose allí. Otros dicen haber visto a un ser querido fallecido en su mecedora, en su silla preferida, caminando por los pasillos o en algún lugar de la casa. Se sabe entre muchas otras, de historias de caminantes por los cementerios y de fantasmas cuidadores de casas y de tesoros que fueron enterrados cuando no existían bancos ni cajas fuertes.

Mi primo Humberto cuenta que su apartamento de Nueva York se encuentra en un edificio viejo, en los que hay que ejercer una presión más o menos fuerte en los interruptores para encender la luz. El recuerda que una noche, recién mudado, había apagado la luz antes de irse a dormir cuando, de pronto, el bombillo se encendió solo. Humberto supo que en ese lugar había vivido por muchos años una anciana y era ella quien, aparentemente, todavía se encontraba allí. Mi primo explica que, calmadamente, le dijo a la señora que ya esa no era su casa, que ahora él era el dueño del apartamento y que ella debía irse. Desde ese momento la señora no volvió a perturbarlo más.

En la película "Ghost" hay muchos ejemplos de cómo es la vida entre planos. Por ejemplo, en el film aparece un fantasma que nunca sale del tren subterráneo. En una conversación con Sam, el protagonista, explica que había sido empujado a los rieles cuando todavía no le correspondía morir. Por eso se rehúsa a salir del tren, donde pasa su eternidad lleno de rabia y sin aceptar su propia muerte. La película también muestra cómo Sam, en cambio, entiende su proceso, se queda en la tierra el tiempo necesario para resolver su propio crimen y luego se va hacia el encuentro con la luz.

Es muy importante que sepas que, cuando te llegue tu momento, debes irte. Si no sabes qué está pasando y necesitas ayuda, pídela. Con solamente pronunciar la palabra "Dios" vas a sentir Su sagrada presencia de inmediato a tu lado. Una vez que hayas hecho eso ya no sentirás inseguridad, angustia ni temor. Te sentirás protegido, amado y en paz.

Vendrán bellos seres de luz a recibirte. Escúchalos y sigue su amorosa guía. Ellos te llevarán hacia Dios. Recuerda que, por tu propio y eterno bien, no pue-

> *Si no sabes qué está pasando y necesitas ayuda, pídela. Con solamente pronunciar la palabra "Dios" vas a sentir Su sagrada presencia de inmediato a tu lado. Una vez que hayas hecho eso ya no sentirás inseguridad, angustia ni temor. Te sentirás protegido, amado y en paz.*

des quedarte. No te preocupes. Como veremos más adelante, una vez que hayas completado tu ciclo te darán permiso para volver y ver a tus seres amados, ayudarlos y orientarlos. Pero primero debes completar tu proceso. Por favor, recuérdalo en todo momento. Cuando hayas cambiado de plano sigue tu camino, sigue hacia Dios.

Si alguien te dice que piensa orar por tí cuando mueras, no rechaces su oferta. Acéptala. Las oraciones, misas y servicios religiosos de todo tipo son muy importantes para el que ha muerto. Son intercesiones de gente buena que ayudan al que se fue. Esa es la razón por la que todas las religiones y culturas en el mundo hacen peticiones por los que se van y ofrendas a Dios, como quiera que lo conciban, en servicios mortuorios y funerarios. En regiones que siguen las enseñanzas de El Libro Tibetano de los Muertos, por ejemplo, un sacerdote se sienta al lado del cuerpo de quien ha fallecido y, por varios días, le explica al alma paso a paso por lo que va a transitar en el más allá, recordándole en todo momento que debe irse y continuar su camino.

No juegues con demonios

Tristemente hay almas que en algún momento decidieron identificarse con el mal y formar parte del "bando" de los seres del bajo astral o demonios. Pueden haberlo hecho identificándose o formando parte activa de grupos, clanes o sectas demoníacas o simplemente actuando de acuerdo a los lineamientos del mal. Al morir estas personas, sus almas pueden quedarse atrapadas entre planos dimensionales y manifestarse en la tierra en sitios que la gente llama "embrujados", o acudir desde la oscuridad cuando son invocados a través de algún médium, cánticos, objetos, dibujos, fotos o juegos como la ouija. Lo que sucede la mayor parte de las veces es que esas entidades bajas acuden al llamado y se posesionan del cuerpo de una persona y/o del sitio físico adonde fueron invitados.

Heriberto, un buen amigo de mi familia, Trabajador Social, comenzó a asistir a sesiones espiritistas con un grupo de personas inexpertas y desconocedoras de las consecuencias de lo que estaban haciendo. Era un hombre muy bueno y preparado en su profesión, siempre acertado en sus apreciaciones. Su familia, amigos y conocidos lo querían muchísimo. Vivía más bien pobremente en un pequeño apartamento en el centro de Venezuela. Entre otras cosas, porque no era nada ambicioso. Era un buen esposo, hermano y amigo, excelente padre de sus tres hijos. Su esposa peleó mucho con los amigotes que iban a buscarlo a su casa para llevárselo a las invocaciones de espíritus y entidades, en reuniones en las que se sumergían en alcohol y tabaco. Débil de carácter, curioso y de naturaleza nerviosa, sin conocer la malicia, como un niño grande fue Heriberto a aquellas sesiones, una tras otra. No sabría decir cuántos seres desencarnados del bajo astral se apoderaron de él. Comenzó a angustiarse, a decir que tenía enemigos y a ver seres que lo perseguían. Se volvió loco. La explicación psiquiátrica de su caso bien podría traducirse a términos espirituales. El inocente hombre había abierto sus canales de comunicación con el "más allá" y ese espacio había sido aprovechado por seres de muy baja vibración o demonios que procedieron a atormentarlo. A pleno día, una tarde, se subió al techo del edificio donde vivía y se lanzó desde allí, muriendo instantáneamente.

El problema con los grupos de espiritismo, santería y otros cultos en los que se invocan espíritus de muertos es que allí puede mezclarse cualquier cosa. Hay seres desencarnados de baja vibración que están esperando cualquier oportunidad para entrar en el cuerpo de personas vivas. De esa manera pueden volver a sentir lo que se siente con los sentidos corporales que ya ellos han perdido. Quienes tienen videncia y son capaces de percibir esos otros mundos saben cómo esas almas perdidas pululan en sitios desde donde se les invoca, y también los ven en bares, prostíbulos y similares, rondando a quienes se drogan o pierden la conciencia de alguna forma. Son atraídos por el alcohol, el humo del cigarrillo o tabaco y la sangre. No son buenos ni edificantes. Muchos, la mayoría, pueden ser definidamente diabólicos.

Se trata de seres sin rumbo, apegados a sensaciones físicas que lo único que logran hacer es confundir a la persona, dominar su voluntad y alejarla del verdadero centro de paz y autoridad que es Dios. En muchos casos la conducen finalmente hacia su propia destrucción. Mientras vivas ten cuidado. Nunca juegues con lo desconocido. Evítate serios problemas espirituales que a lo mejor no vas a saber cómo resolver por tí mismo. No intentes nunca hacer invocaciones a espíritus de muertos ni mucho menos te acerques a sitios endemoniados si no estás espiritualmente preparado. No juegues con eso jamás. Recuerda que los seres de luz, los santos y **las almas buenas jamás se posesionan** de ningún cuerpo físico y que **Dios es el único que tiene el poder absoluto** sobre todas las cosas y todos los seres en todos los planos de la existencia.

> *Recuerda que los seres de luz, los santos y las almas buenas jamás se posesionan de ningún cuerpo físico y que Dios es el único que tiene el poder absoluto sobre todas las cosas y todos los seres en todos los planos de la existencia.*

Nada ni nadie es más fuerte y poderoso que Dios. Cuando necesites ayuda, búscalo directamente a El. El te responderá. Si estás confrontando problemas espirituales bien sea en un lugar "embrujado", en algún conocido o en tu propia persona, busca a pastores buenos, iglesias que hagan guerra espiritual, a sacerdotes carismáticos o a personas capaces de enfrentar el mal en el nombre de Jesús. Ellos te ayudarán y te enseñarán el camino que ellos han recorrido para llegar a Dios, la única fuente de seguridad. Aférrate a El. El te responderá y te protegerá eternamente en el plano en que te encuentres. Recuérdalo siempre.

Nadie puede más que Dios

Los demonios o ángeles caídos tienen diferentes jerarquías, de la misma manera como la tienen los ángeles, arcángeles, querubines, serafines y demás seres de luz. Como expliqué anteriormente, los seres de luz **nunca** se posesionan de ningún cuerpo físico, pero los seres demoníacos sí. Mientras mayor es la jerarquía del demonio que se ha posesionado de la persona, más rebelde es y más rápidamente quiere la destrucción de su víctima.

El "exorcismo" consiste en expulsar ese demonio o esos demonios de esos cuerpos, liberando al que sufre y regresando su alma a Dios. Actualmente ocurren muchos exorcismos en iglesias evangélicas que practican guerra espiritual, en muchos centros católicos carismáticos y en sitios donde se hace imposición de manos en el poderoso nombre de Dios. La iglesia católica cuenta con sacerdotes especializados y entrenados en expulsión de demonios, como se aprecia en la película "El Exorcista". Es lo que, en muchas oportunidades, hizo y nos enseñó a hacer nuestro buen Señor Jesucristo.

En una oportunidad fui a la Zona Rental de la Plaza Venezuela, en Caracas, a acompañar a un grupo de amigos quienes, dirigidos por un joven instructor, estaban haciendo imposición de manos. Todos mis compañeros estaban descalzos y vestidos de blanco. Se habían tomado de las manos y habían hecho un círculo dentro del cual estaba el instructor, tratando de expulsar un demonio que se había manifestado en una señora del público que había entrado para que se le impusieran las manos. Cuando llegue ví a la mujer tirada boca arriba en el piso, volteando la cabeza de un lado a otro, con los ojos rojos y gritando con una voz gruesa de hombre. Se identificaba como el representante de la oscuridad, mientras agitaba los brazos y las manos. Todo esto ocurría con la mujer suelo, el instructor y dos asistentes dentro del círculo humano y con el público aglomerándose alrededor observando atónitos aquel impresionante espectáculo.

De pronto, noté que un joven que estaba hacia el fondo del círculo estaba a punto de desmayarse. Era obvio que el demonio que estaban sacando del cuerpo de la mujer quería introducirse en el del muchacho. En aquel tiempo yo oraba, meditaba y ayunaba con frecuencia. Reunía a grupos de gente en mi casa y, junto con mi amiga Eliana Delgado y otros amigos, ayudábamos a quien podíamos a encontrar paz espiritual y el camino hacia Dios.

Me acerqué al joven y le dije que se soltara del grupo inmediatamente. Lo senté en una silla, prácticamente desmayado, le coloque el pulgar en el entrecejo y le pedí a Jesús que le diera fuerzas, que fuera El quien llenara todo el ser del muchacho. A los pocos minutos el joven comenzó a recuperar sus fuerzas y me quedé con él hasta que lo ví completamente bien. Los otros liberaron a la mujer y yo salí del lugar. Me fui al supermercado en mi jeep gris de chasis largo, sincrónico y de doble tracción, especial para las subidas y bajadas de la zona donde vivía. Era un sábado como a las 6:30 de la tarde y todavía tenía muchas cosas qué hacer antes de terminar el día.

Sin embargo, la venganza del ser del bajo astral que no pudo apoderarse del joven no se hizo esperar. Cuando iba con las bolsas del mercado manejando hacia mi casa, entre curva y curva y barrancos que hay a los lados del camino, una fuerza extraña pareció querer apoderarse de mi vehículo. Comenzó a forcejear conmigo, queriendo torcer el volante para que me fuera por uno de aquellos despeñaderos. Me molesté muchísimo con esa "cosa" y comencé a orar.

> *Es muy importante que sepas que nada ni nadie puede más que Dios y, más aún, que los demonios no soportan escuchar el nombre de Jesús.*

Manteniendo el volante con fuerza le recordé a esa entidad, quien quiera que fuera, que Dios es Todopoderoso y que El estaba conmigo. Le ordené, en nombre de Jesús, que se fuera inmediatamente y que me dejara en paz. Cuando me bajé frente a mi casa me temblaban las piernas, pero aún así agarré las bolsas de comida y subí la escalera, sin dejar de invocar a la Presencia de Dios en mí. A los pocos minutos la sensación de persecución desapareció. Me dí un baño, me preparé algo de cena, leí un poco y me dormí hasta el día siguiente.

Es muy importante que sepas que nada ni nadie puede más que Dios y, más aún, que los demonios no soportan escuchar el nombre de Jesús. Más adelante te explicaré por qué. Nunca tengas miedo de ninguna entidad del bajo astral, porque estás asistido por la fuerza máxima de la vida, que es Dios mismo.

Si no tienes fe, busca ayuda y aprende a orar, a conversar con Dios. Háblale y luego haz silencio, para que puedas recibir Su respuesta. Por experiencia propia sabrás entonces que El existe y que siempre te escucha. También sentirás la seguridad de que con El a tu lado nada malo te podrá ocurrir, en el plano en que te encuentres. Recuerda: Cuando estés muriendo, no temas. Vete en paz, con la seguridad de que vas al encuentro del propio Dios.

El único poder sobre los demonios

Una amiga en Venezuela había estado asistiendo a un grupo de santeros buscando "ayuda, protección y suerte". Los "santos", a través de los mediums, le habían ordenado a mi amiga usar unos collares que no debía quitarse nunca. Los santeros invocan espíritus y les ofrendan sangre de animales que sacrifican en sus ceremonias.

La hija de la señora, una linda niña de aproximadamente cinco años de edad, no podía hablar. Entendía todo perfectamente y sabíamos que podía oír, pero no hablaba. Por la noche se despertaba evidentemente angustiada, gritando y señalando hacia algo que nadie podía ver. Esa situación continuó por mucho tiempo, hasta que mi amiga y su esposo fueron a consultar con un sacerdote carismático en la Urbanización Los Dos Caminos, en Caracas. Se había corrido la voz de que aquel padre era un santo y que mucha gente que había ido a verlo se había curado de sus problemas espirituales.

Cuando el sacerdote los vio dijo que el problema no era la niña, sino una sombra negra que traía mi amiga consigo y que la acompañaba en todo momento. Explicó que la niña era la víctima de los demonios que se habían apoderado de la mamá, impidiéndole hablar y vivir en paz. El esposo de la señora cuenta que el sacerdote rezó frente a la mujer, la sentó en una silla y comenzó a susurrarle en el oído: "Jesús", "Jesús", "Jesús".

A los pocos minutos ella echó la cabeza hacia atrás y cayó en una especie de desmayo, mientras el sacerdote seguía pronunciando el nombre de Jesús. Cuando volvió en sí no recordaba nada de lo sucedido, pero lloró mucho y dijo que sentía la necesidad de quitarse inmediatamente el collar de los santeros. Así lo hizo y se fue a botarlo al mar. La naturaleza no conoce el vacío y por eso todo tiende a llenarse, como se rellenan de agua las cavidades hechas en la arena a la orilla del mar. Si un demonio sale de una persona y ésta no llena el espacio con oración, pensamientos y conductas buenas que la acerquen a Dios, lo más probable es que esa entidad regrese a posesionarse de nuevo de su víctima. No supe más de esta familia después de que me mudé y en verdad espero que hayan aprendido esa lección tan importante. Espero que aquella amiga le haya hecho caso al buen sacerdote y que haya llenado su alma con la presencia de Dios, por su propio bien y el de toda su familia.

En otra ocasión me encontraba en Acarigua invitada por Rafael Vidal y Francisco Gómez, en representación del Instituto Regional del Deporte del Estado Miranda en Venezuela para presenciar unas competencias deportivas nacionales que iban a celebrarse en la capital del Estado Portuguesa, cuando recibí varios mensajes telefónicos de mi hermano Antonio. Me decía que tenía que ir a su casa en Barquisimeto, a aproximadamente tres horas de donde yo estaba, por un problema de mi sobrina Julie Carolina quien, para entonces, era una delgadita jovencita de quince años de edad.

Antonio mide alrededor de 1.90 mt de estatura. Es un hombre muy fuerte y práctico, trabajador incansable, enfocado siempre a ser útil y a resolver problemas. Es un pilar sobre el cual se apoyan no solamente su propia familia, sino muchas personas a quienes ha ayudado y continúa ayudando sin esperar nada a cambio. Casi siempre está sonriente, a la orden de quien lo necesite. Por eso me llamaron tanto la atención los insistentes mensajes que estaba dejando en mi celular. Pensé que algo grave debía estar sucediendo, algo que preocupara mucho a mi hermano y que él no pudiera solucionar por sí mismo. Agradecí a Rafael Vidal y a Francisco Gómez su invitación, me despedí de mi compañera de habitación y me fui a Barquisimeto. Cuando llegué debían ser cerca de las doce del día. Julie Carolina había salido con su mamá y su hermano y yo me quedé esperándolos en la casa de Blanca, la vecina. Entonces supe de qué se trataba.

Blanca me contó que mi sobrina había estado escuchando y cantando una música rock "diabólica" y que, a partir de allí, había comenzado a observar unas conductas muy extrañas. De pronto –me explicó Blanca- Julie había empezado a sufrir transformaciones. Comenzaba a hablar con una fuerte voz gutural masculina y a exhibir una fuerza física descomunal. Blanca dijo que hubo un momento en que su papá quiso sujetarla abrazándola con toda su fuerza. La niña se soltó de los brazos de mi corpulento hermano como si se quitara una pluma de encima. Antonio cuenta que en otro episodio la abrazó como queriendo protegerla de lo que fuera que estuviera perturbándola, sobándole la espalda con cariño y tratando de calmarla. Mi sobrina se liberó de mi hermano y, al quitarse la blusa, mostró toda la espalda rasguñada. Era como si cada caricia de su papá le hubiera herido la piel. Esa era la razón por la que tanto mi ex cuñada July como mi hermano Antonio estaban tan preocupados.

Más o menos una hora después de mi llegada a Barquisimeto regresó July con los niños. Julie Carolina estaba tranquila y Antonio José, su hermanito, estaba jugando con un carrito. Todo parecía normal. Me despedí de la vecina, le dí las gracias por su hospitalidad y entramos en la casa de mi hermano.

Mientras caminábamos, July comenzó a hablarme de su angustia. No sabía qué hacer. Ya llevaba tres noches sin dormir. Me explicó que había seguido todos los consejos que le habían dado para proteger a su hija y, obedientemente, había ido colocando todos los "contras" por toda la casa, tal y como le habían indicado. Había envases llenos de orina en las esquinas, manojos de ajo y matas de sábila con cordones rojos colgando de puertas y rincones.

La creencia general es que el olor del amoníaco y el ajo ahuyentan a las entidades del bajo astral. Estos elementos son usados por los magos y personas que hacen ensalmes y "limpiezas". Hay toda una explicación de cómo los olores y aromas se asocian con el más allá, pero eso es tema de otra presentación. En síntesis es importante que sepamos que los aromas del incienso y las flores, al igual que la música armonizante, cooperan en la creación de una vibración alta que se asocia con los seres de luz y de paz. Es una manera de inducir al alma a acercarse a Dios y por eso hay inciensos y flores en todos los templos y servicios religiosos del mundo. Por el contrario, los olores desagradables, la suciedad y la música estridente establecen en el alma una asociación con los planos bajos del astral y con los seres que se "arrastran". Era obvio que mi pobre sobrinita no iba a ser liberada de aquella manera.

> *Cuando sientas que "algo" viene a perturbar tu tranquilidad y paz espiritual, dile con toda autoridad: "en el poderoso nombre de Jesús, retírate".*

Por lo tanto, lo primero que le pedí a July fue que botáramos toda aquella basura y, mientras limpiábamos la casa, comencé a hablarle del poder único de nuestro buen Señor Jesús. Recordé una frase poderosa que leí muchas veces en los libros de Metafísica de Conny Méndez, quien decía: *"No me creas, compruébalo"*. Y eso fue lo que le dije a July. Las palabras se las lleva el viento, pero las comprobaciones quedan.

Limpiamos la casa y me senté en un murito de piedra en el jardín de la entrada con mi linda y querida sobrina. Le pregunté qué le pasaba y me explicó que ella sentía cada vez que esa "cosa" quería adueñarse de ella. Decía que era una sensación física extraña que no podía explicar, pero que podía identificar claramente. Julie Carolina sabía en qué momento la entidad estaba a punto de manifestarse de nuevo y tomar el control de su cuerpo.

Entonces, mirándola fijamente a los ojos, le dije: "Julita, tú tienes el control absoluto sobre tu cuerpo. Es tuyo, Dios te lo dio a tí. Nada ni nadie tiene poder sobre ti si tú no se lo das. Cuando sientas que "eso" viene a perturbarte, dile con toda autoridad: 'en el poderoso nombre de Jesús, retírate'." Repetí esta última frase tres veces, sin dejar de mirarla fijamente a los ojos. A la tercera vez la mirada de la niña cambió. Desapareció la dureza de su expresión y hasta el color del iris volvió a ser tan claro y bello como era antes de aquellos sucesos. La entidad se había retirado.

Esa noche July me pidió que durmiera con mi sobrina. Dormimos en paz y July también pudo recuperar el sueño perdido. Tres días más tarde regresó mi hermano Antonio de viaje y me llevó de regreso a Caracas. Julie Carolina se quedó tranquila en su casa y le dejé a July mi Biblia de regalo, para que pudiera leerle a los niños las historias de Jesús antes de dormir. Recuerda esta historia y recuerda siempre que Jesús venció al mal con su muerte y resurrección. Con su protección estarás a salvo mientras vivas, cuando llegue tu momento de morir y luego, cuando trasciendas a otros planos de existencia.

El hombre que practicaba vudú

En una ocasión estaba con mi querida asistente y amiga Adriana Matos dirigiendo una meditación, a la cual habrían acudido cerca de cuarenta personas. Debido a que el local donde estábamos era estrecho y largo, habíamos tenido que colocar las sillas en hileras, haciendo dos filas que llegaban casi hasta la puerta de salida.

Entre los asistentes estaba un hombre de aproximadamente treinta y cinco años de edad, que llegó temprano al lugar y se colocó en una de las primeras sillas, al frente. Como siempre hacíamos antes de comenzar cualquier actividad, Adriana y yo colocamos música suave de relajación y encendimos incienso de sándalo. La gente fue llegando, se llenaron todos los puestos y, de pronto, el desconocido se levantó de su silla, le cedió el puesto a otra persona y se quedó parado observándolo todo.

Adriana y yo comenzamos dirigiéndonos a nuestro buen Señor Jesús, pidiéndole que fuera El quien se hiciera presente y condujera la experiencia de todas aquellas personas que habían acudido allí buscando paz espiritual y un encuentro con Dios. La gente permanecía con los ojos cerrados sentada en sus asientos, relajándose poco a poco mientras los preparábamos para la hermosa experiencia, cuando el hombre comenzó a dar señales de una gran inquietud. Movía la cabeza de un lado a otro, subía y bajaba los hombros, movía las piernas. Parecía no poder estarse quieto donde estaba. Lentamente empezó a dar pasos hacia la salida del local, mientras Adriana y yo avanzábamos con la meditación. Cuando pedimos al público que sintiera la presencia sagrada de Jesús entre nosotros, el hombre abrió la puerta y se fue.

En verdad no todo el mundo sabe lo que es un ejercicio de meditación y los instructores no están al tanto de conocer qué pasa en la vida de cada persona que acude a un servicio de estos. Aunque las experiencias que teníamos en cada una de estas reuniones eran maravillosas y muchas veces reveladoras para los asistentes, era también de esperar que hubiera alguien a quien no le gustara o no entendiera y quisiera irse. Eso además de cualquier tipo de necesidad o emergencia personal que alguien pudiera tener justamente en el momento de la reunión.

Por estas razones ni Adriana ni yo le dimos mayor importancia al hecho, hasta que varios días después nos visitó un joven amigo del grupo. Nos dijo que él había invitado al desconocido y que éste no había podido quedarse. La razón era que ese señor trabajaba con vudú por encargo. Su tarea consistía en hacer magia negra a cambio de dinero y la gente lo contrataba para "trabajos" que podían ir desde quitarle el empleo, el marido o la esposa a alguien hasta matar a una persona. En esos días estaba, precisamente, "trabajando" a un hombre con la intención de acabar con su vida. Todo eso lo hacía en un altar que tenía en su casa, con muñecos a los que había bautizado con los nombres de sus víctimas.

Nuestro amigo había querido que el mago negro cambiara su rumbo y buscara a Dios y por eso lo había invitado a nuestra reunión. El otro dijo que "no había podido soportar la luz" y que por eso se había retirado del lugar.

Más adelante veremos por qué Jesús venció al mal y a la muerte con su sacrificio y resurrección y por qué El es el único que tiene el poder absoluto para protegerte a ti y a los tuyos de cualquier ataque demoníaco. La oscuridad desaparece incluso ante la sola invocación de Su nombre. Recuérdalo mientras vivas y después de morir en cualquier plano de existencia en el que te encuentres.

Espera lo inesperado

Cuando decimos cosas como "mañana voy a hacer esto o aquello", estamos confiando en que todas las circunstancias van a permanecer iguales al día siguiente y que, por lo tanto, podremos hacer realidad nuestra idea y nuestro plan. Sin embargo, ¿qué pasaría si, de pronto, algo cambia esas circunstancias? Cualquier cosa inesperada, de las muchas que acontecen a diario, pueden alterar nuestros proyectos y, en muchas ocasiones, nuestra vida entera. Vivimos confiando en que tendremos salud para hacer lo que planeamos hacer, en que tendremos la energía, la vitalidad, los recursos necesarios para llevar a cabo lo que queremos o necesitamos, y confiamos también en que las otras personas y la naturaleza misma van a permanecer tal como están, de manera que nuestros objetivos y metas no se vean frustrados. Vivimos basados en un "quizás", esperando que no cambie nada, que nada malo nos pase, ni a nosotros ni a nuestros seres queridos ni a nuestras circunstancias.

Emprendemos un camino, cualquiera que sea, creyendo muchas veces que tenemos el control. Sin embargo, la realidad es que no importa cuántos cálculos matemáticos, económicos, probabilísticos, emocionales, geográficos y de todo tipo hagamos, no tenemos seguridad de nada. Nada está bajo nuestro control. Si el día de esa cita tan importante hay un choque en la autopista, se fue la electricidad de repente, o alguno de los involucrados amanece enfermo, es probable que el encuentro no se dé. Todo a pesar de todas las precauciones y predicciones que, como humanos, podamos hacer. Un terremoto, un huracán, el desborde de un río o una avalancha de nieve pueden dar al traste con una persona, una ciudad o una nación entera, dependiendo de la magnitud del evento natural y de las circunstancias de los afectados, sin que nosotros podamos controlarlo. Y, al igual que las sorpresas que pueda darnos la naturaleza, también otras personas y la vida misma se encargan a diario de recordarnos que nada está previsto, que nada se mantiene constante, y que las circunstancias de una persona pueden cambiar en cualquier momento, por incontables razones que el ser humano jamás llegará a controlar. Todos, desde que nacemos, vivimos en incertidumbre. En realidad, confiamos muchísimo más en la providencia, en la casualidad o en Dios, de lo que muchos de nosotros pudiéramos estar dispuestos a aceptar.

Todavía recuerdo cuando murió mi tío Antonio. Se había erigido en un pilar de la familia, sobre el cual descansaban muchas personas. Era un hombre muy bueno, afable, cariñoso y preocupado por el grupo familiar. Le interesaban los niños, sus hijas, su hijo, sus sobrinos y los hijos de los demás. Era rígido, muy estricto en el cumplimiento de la ley y los deberes y, por sobre todo, llamaba la atención su obsesión por respetar las leyes de tránsito. Nunca se hubiera pasado una luz roja, ni habría corrido a más de 50 o 60 Km. por hora, ni siquiera en una autopista.

Una noche, no obstante, la paradoja con que a veces nos sorprende la vida se hizo presente en nuestra familia. El tío Antonio, tan cauteloso y precavido, decidió ir a un negocio de enfrente a comprar unos helados para su casa. Cruzó la avenida Páez de El Paraíso, en Caracas, una calle de doble vía, ya oscura, a las 8 de la noche. Se paró en el medio de ambos canales, en la doble raya que divide a los automóviles que van de los que vienen. Y allí se detuvo, esperando pacientemente a que algún carro le diera paso, cuando una motocicleta, sin luces, se lo llevó por delante. Su cuerpo rodó varios metros, a la vista de los conductores y vecinos que presenciaron el fatídico accidente. Días después moría el buen tío Antonio en el Hospital Universitario de Caracas, sin que nada ni nadie fuera capaz de retroceder el tiempo ni los acontecimientos.

¿Quién lo hubiera pensado? ¿Qué sabía él cuando se despertó en la mañana que ese sería el último de sus días sobre la tierra? Hoy, después de treinta y un años de ese accidente, pienso en la angustia que seguramente sintieron mis primas cuando, en vez de ser su papá con la bolsa de helados en la mano quien golpeara a su puerta, fueran los vecinos que les llevaban la noticia de que él acababa de ser arrollado en plena vía pública.

Los seres humanos vivimos, trabajamos y forjamos nuestras ilusiones en cualquier parte del mundo, con o sin conocimiento de algunos o todos los peligros que nos acechan. El "quizás" nace con cada ser humano que puebla este bello planeta tierra, y esa sensación permanece con nosotros durante todos los días de nuestra existencia hasta el momento en que decimos adiós a nuestro paso por el mundo. Lo inesperado nos rodea, lo bueno mezclado con lo malo, la risa envuelta en lágrimas y el dolor arropado por la felicidad.

Aprende a esperar lo inesperado. De esa manera tendrás más firmeza para afrontar lo que la vida te coloque por delante. La fe y la convicción de que

> *Aprende a esperar lo inesperado. De esa manera tendrás más firmeza para afrontar lo que la vida te coloque por delante. La fe y la convicción de que Dios te ama y protege siempre serán tu mejor fortaleza. Recuérdalo siempre.*

Dios te ama y protege siempre serán tu mejor fortaleza. Recuérdalo siempre.

Sé consciente del tiempo que se te ha dado

Una vez escuché a un hombre muy sabio decir: "el tiempo es vida". En aquellos días yo estaba tratando de adelantar mis semestres de Psicología en la universidad, intentando producir la mayor cantidad de dinero posible para enviarle a mis hijos para su manutención en Estados Unidos y, al mismo tiempo, buscando poner en orden mi vida en todo sentido. Quizás por eso no me detuve a analizar a fondo aquellas palabras que, sin embargo, guardé celosamente en mi memoria. Ahora, a los cincuenta años de edad, es cuando he comprendido a cabalidad su significado. Tu vida es tu tiempo, tu tiempo es tu vida. Es, en realidad, todo lo que tienes y de lo que puedes disponer.

Recuerda siempre que los minutos que se van no regresan. Podrán venir otros momentos y otras oportunidades, pero ni tú ni yo tenemos la certeza de que así va a ser. Por lo tanto, actúa sabiamente, disfruta de este bello planeta y de todas las bendiciones que Dios te da y no dejes pasar ningún día sin avanzar en tu camino espiritual, en la búsqueda de lo alto y en el amor desinteresado hacia otros. De esa manera convertirás a tu tiempo-vida en tu más preciado tesoro.

Se te dio un tiempo determinado para estar aquí. Una vez que llegue tu momento de partir te irás, con las cuentas que tengas para ese momento. ¿Sabes cuál es la diferencia entre una persona exitosa y la que no lo es? En que la persona exitosa se enfoca en una dirección, y hacia allí dirige todos sus esfuerzos, ideas y creatividad.

Mi hermano Rubén, médico, decidió dedicarse a la neonatología. Enfocó su interés y dedicó tiempo a desarrollar y a crear nuevas técnicas y métodos quirúrgicos en su especialidad. Desde hace más de doce años se hizo famoso, cuando se convirtió en el pionero de la cirugía fetal en el mundo entero. Muchas vidas de bebés se han salvado gracias a su aporte. Sus avances en medicina continúan, igual que sus publicaciones. Mi hermano, además, toca piano, canta, nada, cocina y comparte con sus hijos. Es un hombre muy noble y ayuda desinteresadamente a quien lo necesite.

> Tu vida es tu tiempo, tu tiempo es tu vida. Es, en realidad, todo lo que tienes y de lo que puedes disponer.

Sabe hacia adónde va profesionalmente y ese enfoque lo lleva cada vez más a mayores descubrimientos para bien de otros.

Te invito a que apliques este mismo principio a tu vida. Sabiendo hacia dónde vas, enfócate en el camino que te conducirá al punto al que quieres llegar. Un ejercicio muy poderoso para la toma de conciencia respecto a este punto es el siguiente: cada noche repasa lo que hiciste. Pregúntate antes de dormir cómo utilizaste el tiempo-vida que se te dio ese día. ¿Hubo al menos una persona a quien pudiste darle algo de cariño, algún consejo, algo de ti? ¿Cómo trataste a aquellos a quienes la vida te puso por delante? No dejes pasar ninguna oportunidad de ser bueno y de hacer el bien. Tu tiempo es tu vida. Utilízalo de tal forma que no tengas que lamentarte cuando estés muriendo por haberlo desperdiciado. Recuérdalo siempre.

Debes perdonar

¿Eres tú de los que dicen "yo olvido pero no perdono"? ¿O, peor aún, de los que dicen: "¡eso no lo perdonaré jamás!"? Si es así y todavía guardas en tu alma resentimientos, odio y rencor, ten cuidado, porque si quieres morir en paz, debes aprender a perdonar. Es muy difícil hacerlo, y más difícil mientras mayor sea el daño que te hayan hecho. Sin embargo, precisamente allí radica la victoria. En que logres superarte a tí mismo y al dolor o la rabia que te hayan causado otros. ¿Te acuerdas lo que hizo el Papa Juan Pablo II con Mehmet Ali Agca, el hombre que quiso asesinarlo? Dos años después del atentado las cámaras de televisión del mundo mostraron cómo ese Papa entraba en la celda de la prisión donde se encontraba su enemigo, hablaba con él y recostaba su cabeza en su hombro, perdonándolo por lo que había querido hacerle.

La falta de perdón es una emoción destructiva que mina tu alma y solamente te daña a tí mismo. Debes quitarte ese peso de encima lo cual, sin embargo, no significa que vas a exponerte a que te hagan daño nuevamente. Entre el perdonar y el exponerte a ser herido de nuevo hay una gran diferencia.

En una ocasión me encontraba yo en un hospital público en Venezuela atendiendo a Gaspar, un amigo muy querido que estaba a punto de morir. Serían como las diez de la noche, cuando comenzó a tener dificultad para respirar. Le faltaba oxígeno. Comenzó a sudar copiosamente, tal era su esfuerzo por inhalar el aire que necesitaba su organismo, pero ninguna de las enfermeras me pudo ayudar. Nadie podía auxiliarlo, porque en el hospital no había una máquina de oxígeno disponible.

En Venezuela, a pesar de ser un país rico en petróleo y otros recursos naturales renovables y no renovables, muchas veces los hospitales públicos carecen tanto de una eficiente gerencia como de las cosas más esenciales y necesarias

Si quieres morir en paz, debes aprender a perdonar.

como gasa, algodón o jeringas. Las consecuencias de la cultura de indiferencia de los gobernantes de paso, la corrupción de la mayoría y el robo que a veces hasta los mismos pacientes y personal de los hospitales han hecho de equipos, lencería y enseres, las sufren los pacientes. Quizás por alguna de estas razones, por insólito que parezca, en este hospital de Los Teques, a menos de una hora de la capital del país, no había un equipo de oxígeno para auxiliar a un moribundo. En medio de mi angustia yo no sabía qué hacer. Pensé que, si salía del hospital para ir de farmacia en farmacia por todo el pueblo tratando de encontrar el aparato, corría el riesgo de regresar cuando ya Gaspar hubiera muerto. Dentro del hospital, con lo único que contaba era con mi celular. Llamé a su médico y no lo encontré, pero me acordé de una señora que se había ofrecido como voluntaria para ayudar en lo que pudiera. Inmediatamente la llamé por teléfono, le expliqué el caso y le pedí que, por favor, buscara entre sus amistades y conocidos a alguien que pudiera venir rápidamente al hospital con un equipo de oxígeno. La paradoja de la vida fue que a esta buena señora no se le ocurrió otra cosa que llamar a la familia de Gaspar y yo había fallado en advertirle que, por favor, no lo hiciera. Gaspar estaba muriendo de Sida y por esa razón su familia prácticamente lo había execrado.

Como media hora después de mi llamada la hermana, el cuñado y el sobrino de Gaspar se aparecieron en el hospital. No llevaban la botella de oxígeno, sino una gran carga de rabia. El cuñado entró gritando por los pasillos diciendo que yo era una loca y que Gaspar estaba podrido por dentro. Estaba muy molesto por la enfermedad de Gaspar. Preguntaba a gritos que cómo era posible que hubiéramos tenido el valor de llamar a su casa y despertarlos a esa hora. Mientras tanto toda la parte superior del cuerpo de Gaspar se levantaba forzadamente y volvía a caer pesadamente sobre la cama, una y otra vez, en un intento desesperado del muchacho por respirar. El sudor seguía cayéndole en gruesas gotas por la frente, las manos, el pecho y la espalda, empapando la camisa de la pijama, la almohada y la sábana.

La familia de Gaspar salió del hospital como una ráfaga, con la misma velocidad y rabia con que habían entrado. No solamente no auxiliaron a su familiar en necesidad póstuma, sino que le dejaron un sabor muy amargo en el alma. ¿Qué se hubiera imaginado Gaspar que ellos reaccionarían de esa manera cuando él iba a verlos los fines de semana cargado de regalitos para los niños, cuando disfrutaban juntos la navidad y otros tantos ratos en amor familiar? Yo había participado con Gaspar y esa familia de muchas de esas bellas ocasiones y tampoco me hubiera imaginado jamás que habrían de comportarse como lo hicieron. Como a las tres de la madrugada Gaspar comenzó a respirar normalmente de nuevo. Le cambié la camisa y le pedí a una enfermera que me ayudara a cambiarle la sábana. Todo estaba emparamado de sudor.

Estuve despierta el resto de la madrugada velando el sueño de mi amigo y estudiando para un examen de psicología que tenía tarde ese día. Cuando el reloj dio las seis de la mañana en punto, llamé a su hermana. Le informé que me iba a mi casa a bañarme y cambiarme de ropa para irme a trabajar. Le dije que allí le dejaba a su hermano. Yo no podría regresar a verlo más. Me despedí de él con gran tristeza y desesperanza. Había entendido que su familia, en realidad, lo que tenía era un inmenso temor, pero que también estaban dispuestos a hacer lo que fuera porque Gaspar se terminara de morir. Yo no tenía ningún derecho a estar allí ni a asistirlo si ellos se oponían. Ellos eran su familia y por tanto eran los únicos que legalmente tenían la autoridad de impedirle las visitas o de hacer cualquier cosa a fin de evitar que alguien lo ayudara.

Gaspar murió a los pocos días de aquel incidente. Era un hombre de buenos y nobles sentimientos, buen amigo, excelente trabajador, un ser desprendido e inteligente. Sé que debe haber tenido un hermoso encuentro con La Luz Sagrada, a pesar de lo convulsionado de su existencia, porque lo que Dios ve es la intención del corazón y El está muy por encima de los limitados y tantas veces destructivos e inconscientes juicios de los hombres.

Recuerdo todo eso con tristeza y aún con asombro. Perdoné a

aquellas personas con todo mi corazón, oré por ellas y estoy segura de que Gaspar también lo hizo antes de morir. Nunca les he deseado ni podré desearles mal jamás, pero me alejé de ellos para siempre. La naturaleza humana, a diferencia de la de Dios, cambia, es volátil, traicionera, egoísta y mentirosa, sobre todo cuando siente un gran temor y no está a tono con la vibración hermosa de lo alto. Perdonar no significa que te expongas de nuevo a ser atacado, herido o maltratado. Ten cuidado y establece bien la diferencia. Perdonar significa sacar de tu corazón cualquier sentimiento contrario a la bondad y comprensión hacia quienes te hayan hecho daño, cambiando el sentimiento de amargura que te dejaron por un deseo sincero de que tengan éxito y de que Dios los bendiga para que les vaya bien. Eso es, como diría Conny Méndez, lo que significa "poner la otra mejilla". No puedes vivir feliz ni morir en paz mientras sientas odio y rencor en tu corazón. ¿Recuerdas aquella frase de Jesús cuando, estando en la cruz, dijo: *"Padre perdónalos, porque no saben lo que hacen"*? (Lc 23:34)

> *Perdonar significa sacar de tu corazón cualquier sentimiento contrario a la bondad y comprensión hacia quienes te hayan hecho daño, cambiando el sentimiento de amargura que te dejaron por un deseo sincero de que tengan éxito y de que Dios los bendiga para que les vaya bien.*

Si todavía no lo has hecho, perdona ahora mismo todo y a todos aquellos que te hayan hecho mal. Haz sin demora una lista y entonces, mentalmente, pide perdón y perdona de todo corazón a todos, uno por uno. Cuando te lleguen los recuerdos de esas personas que te hicieron daño invariablemente vas a decirles mentalmente: "Que te vaya bien, sigue tu camino en paz, y que Dios te bendiga". Ayúdalos con tus buenas intenciones y con tu oración de manera que algún día puedan despertar y cambiar de rumbo. Ojalá puedas incluso hablar directamente con algunos de los involucrados. Ojalá puedas sentir la satisfacción de decirle a tu hermano o hermana: "Perdóname por lo que te hice", o "te perdono por lo que pasó". Es una de las experiencias de vida más hermosas que podrás tener. Pídele a Dios que te permita ver a través de sus ojos. Vive el perdón como una gran bendición para tu vida. Ora por quienes no te quieren y por aquellos que te hacen mal. El peso del resentimiento, el odio, rencor o la sed de venganza se irán de tu alma, dando paso a sentimientos de bondad y compasión. Sentirás la inexplicable alegría que se experimenta cuando estás a tono con el bien, cuando fluyes en la misma dirección en que fluye Dios, en amor y perdón constante hacia toda la humanidad. Es un reto hermoso. Una vez que hayas perdonado estarás listo para entregar cuentas limpias, en cualquier momento, cuando Dios te llame. Recuérdalo siempre.

¿Por qué te culpas?

¿Eres tú una de esas personas que constantemente están culpándose por todo? ¿O tienes en tu alma un remordimiento por algo por lo cual piensas que nunca serás perdonado? Muchas veces lo que encontramos más difícil en esta vida es perdonarnos a nosotros mismos, sobre todo porque no nos acordamos de que Dios nos perdona **instantáneamente**, tan pronto reconocemos nuestras faltas y pedimos su perdón.

Recuerda que la culpa es la más seria falta de perdón y que, de la misma manera como debes perdonar a quien quiera que te haya hecho daño, debes perdonarte a ti mismo. Ten presente que no puedes ser feliz ni mucho menos morir en paz mientras lleves el peso de la culpa a cuestas. Acepta tus errores, pide perdón a Dios y a quienes hayas herido, dañado u ofendido y entra en el reino de la paz.

En una ocasión se le acercó a Jesús una mujer señalada por todo el pueblo como prostituta. Debe haberse sentido muy infeliz, culpable y rechazada por todos, pero de todas formas se armó de valor, fue hasta adonde estaba él y se postró ante sus pies. Los evangelios dicen que esa mujer comenzó a llorar copiosamente y así estuvo por un buen rato, mientras ungía los pies de Jesús con aceite de alabastro y secaba su llanto con sus propios cabellos. Jesús utilizó esa acción como un ejemplo del amor incondicional de Dios perdonando a la mujer y diciéndole a los presentes: *"... Por esto te digo: si ella ha amado mucho, es que sus muchos pecados le han sido perdonados. Pero a quien poco se le perdona, poco ama."* (Lc 7:47).

Aunque las circunstancias sean diferentes, es el caso de Estrella, Ronny Cabrera, el tuyo y el mío. Hemos cometido muchos errores en nuestras vidas, al igual que la mujer del Evangelio. Probablemente hemos sido egoístas, intolerantes, indiferentes, críticos, arrogantes y muchas cosas más, fallando en observar la ley del amor. Algunos han robado, otros han mentido, otros han ofendido a los demás. Unos han arruinado la felicidad de otros de alguna manera, otros incluso han procurado la muerte de alguien o de varias personas.

Sin embargo, la verdad es que Dios siempre te perdona, no importa lo que hayas hecho, si tu arrepentimiento es genuino y tu deseo de amar ha tomado el lugar del mal que guardabas en tu alma. Recuerda que "pecar" es alejarse del centro del bien y del amor que es Dios y que regresamos a ese centro cuando nos "arrepentimos" lo cual significa, como nos enseñó nuestro pastor Chris Andrews, cambiar de rumbo y pedir perdón.

En este momento quiero sugerirte que busques toda la ayuda que necesites para borrar la culpa de tu vida y vivir en paz. Una iglesia buena, cuyo dirigente sea bueno, quizás sea lo mejor para ti. Acércate con toda humildad, pide hablar con ese líder espiritual y abre tu alma. Cuéntale a esa persona todo lo que te angustia, todo aquello por lo cual te culpas. Esa persona va a escucharte y va a explicarte que el amor y el perdón de Dios sobrepasan toda comprensión humana. Vas a sentir ese perdón. Te vas a sentir libre y, por sobre todo, agradecido tanto a ese ser humano que te escuchó con atención como al propio Dios por amarte siempre, incondicionalmente y de manera constante.

Si no puedes acudir a ningún lugar, entonces revive mentalmente la situación que te llevó a sentirte tan culpable y pide perdón a Dios. Si el ser o seres que agraviaste no están presentes para que les pidas perdón, hazlo mentalmente frente a Dios. Llora si así lo sientes, descarga tus penas en El y recuerda una vez más que Dios te escucha desde el mismo instante en que entiendes que has actuado mal y pides perdón. Después de eso, <u>debes perdonarte tú también a ti mismo</u>. A partir de ese momento deberás dejar de auto reprocharte, asumiendo el compromiso ante Dios de avanzar hacia delante, de no volver a hacer daño, y dedicar tu vida a hacer el bien y ser feliz. Recuerda que Dios te dio la vida para que la aproveches a plenitud en bien tuyo y de quienes El ponga en tu camino hasta el momento de tu muerte.

Hay un párrafo en la Biblia que dice así: *"Yo soy el que por amor a mí mismo borra **tus** transgresiones y **no se acuerda más de tus pecados"** (Isaías 43:25).

Cuando te sabes perdonado tu alma no puede sino agradecer a Aquel que te perdona, que te dio la vida y que te mantiene bajo su protección en esta tierra durante todos los días de tu existencia. El te perdonó. Ahora, por favor, perdónate tú a ti mismo para que puedas vivir tranquilo y morir en paz cuando te corresponda.

La llave mágica del amor

Quien da amor, a pesar de las vicisitudes de la vida, es feliz y quien es feliz da amor. Es muy importante que, cuando te vayas, dejes una huella hermosa de tu paso por esta vida. ¿La clave? ¡Da amor! Fíjate que quien triunfa y es feliz de verdad, es quien más sirve, quien más da amorosamente de sí a los otros. El amor es la energía universal que todo lo contiene y de donde todo nace. El amor protege, nutre y de él surge la vida. En la medida en que compartes y das más de tí, más te llenas, vives con más alegría y te preparas mejor para morir en paz.

> *Cuando te sabes perdonado tu alma no puede sino agradecer a Aquel que te perdona, que te dio la vida y que te mantiene bajo su protección en esta tierra durante todos los días de tu existencia. El te perdonó. Ahora, por favor, perdónate tú a ti mismo para que puedas vivir tranquilo y morir en paz.*

En una oportunidad fui a un desayuno en un lujoso hotel de

Miami a escuchar a Nicky Cruz. No lo conocía ni a él ni a su historia la cual es, por demás, impactante. Nicky nos contó que él había sido un temido y violento pandillero en las calles de Nueva York. Lo habían arrestado muchas veces, pero su conducta no cambiaba. Un psicólogo que lo había visto lo había desahuciado, diciéndole que ya no tenía remedio. Sus palabras fueron: *"Vas directo a la cárcel, a la silla eléctrica y al infierno. No hay esperanza"*.

Sin embargo, Nicky también conoció al pastor David Wilkerson, quien decidió arriesgar su vida acercándose amorosamente al pandillero para recordarle que Dios lo amaba. "Yo le escuché diciendo que Dios tenía el poder de cambiar mi vida-dijo Nicky. Entonces me sentí furioso. Lo insulté, lo escupí, lo golpeé y le dije que ya no creía nada de lo que estaba diciendo, que se fuera". Pero el pastor no se fue. En cambio, le dijo: "Puedes cortarme en mil pedazos y regarlos por la calle y de todas formas cada pedacito continuará diciéndote que Jesús te ama".

Nicky dijo que aquellas palabras le llegaron al fondo del alma. No las entendía. Nunca hubiera esperado algo así. Por dos semanas estuvo recordando la escena hasta que decidió presentarse con un grupo de su pandilla en una de las predicaciones del pastor Wilkerson y fue allí donde, uno por uno, los pandilleros encabezados por el temible Nicky Cruz se arrodillaron, pidieron perdón a Dios y recibieron a Jesús en sus vidas, como a su Señor y Salvador. Nicky dice que no podía entender el sufrimiento tan grande de Jesús en la cruz. Sintió un profundo dolor en su corazón, no pudo aguantar más las lágrimas, que corrieron a chorros por sus mejillas. "Dejé que Jesús me abrazara, me recosté contra su pecho, sentí Su amor"-dijo.

Hoy en día Nicky Cruz, autor de los libros **Corre, Nicky, Corre, El Puñal y la Cruz** y otros, viaja por todos los Estados Unidos y el mundo llevando un mensaje de amor y comprensión. Dice que los jóvenes entran en las pandillas porque necesitan reconocimiento y sentimiento de pertenencia. Explica que lo que esos muchachos están pidiendo a gritos es que alguien los tome en cuenta y les dé amor. Nicky se identifica con ellos, les cuenta su propia historia de vida y los recibe. Son muchos los que abandonan las pandillas y las drogas para unirse al movimiento de Nicky. Una vez en la organización comienzan a vivir una vida sana de ayuda y contribución con otros, aprendiendo que el amor más grande para todos ellos viene de Jesús. En tu vida no dejes pasar ninguna oportunidad de dar amor y servir. ¿Te acuerdas del pasaje en los evangelios (Marcos 9:34-35) cuando los discípulos discutieron acerca de quién sería el mayor en el Reino de los Cielos? Jesús les contestó que el mayor en el Cielo debe hacerse el siervo de todos: *"Entonces Jesús se sentó, llamó a los doce, y les dijo: si alguno quiere ser el primero, que sea el último de todos y el servidor de todos"*. Toda la vida de Jesús fue un ejemplo vivo de sus enseñanzas. Da libremente una sonrisa, un consejo, un poco de tu tiempo para escuchar a otros en necesidad y, algo muy importante, no esperes recompensas a cambio. La vida se encargará de devolverte todo lo que des, porque Dios no se queda con nada. Aprende este secreto. Cuando das recibes el doble o más, en el nivel en que des. Si das amor, serás amado con creces, si das cosas materiales éstas nunca te faltarán. Por eso no te preocupes porque otros te agradezcan o te devuelvan el favor. Sigue adelante. Si hasta ahora has sido de las personas que se "cuelgan" de los demás, esperando a que otros resuelvan tus problemas, cambia. Si estás escondido en tu propio mundo, compartiendo poco y alimentando sentimientos de minusvalía, resentimiento y desesperanza, sal de allí ahora mismo. Involúcrate con alguna organización que esté haciendo algo por alguien, participa en alguna actividad filantrópica, haz algo por otro ser humano, da aquello que ya no usas. Otros podrán beneficiarse de lo que a ti ya no te sirve. Como diría mi mamá en su libro *La persona más importante de tu vida eres tú*, sube a tu nivel adulto para analizar las situaciones y sube a tu nivel de padre, para servir y dar a quien te necesite. Eso es lo que la vida espera de tí y eso es lo que te va a ayudar cuando hayas muerto. **Ama**. Como dijo Jesús, *"No acumulen para sí tesoros en la tierra, donde la polilla y el óxido destruyen, y donde los ladrones se meten a robar. Más bien, acumulen para sí tesoros en el cielo, donde ni la polilla ni el óxido carcomen, ni los ladrones se meten a* *robar"*. (Mt 6:19-20).

Una noche tuve el siguiente sueño. Había una mujer de quizás unos cuarenta años, cuyas dos niñas acababan de morir. Yo me dirigía a verla y, apenas me vio, me dijo: "Les iba a preparar su comida, pero…" No pudo terminar la frase. La pobre mujer irrumpió en llanto, un llanto desconsolado, del que nadie podía sacarla.

"Más bien, acumulen para sí tesoros en el cielo, donde ni la polilla ni el óxido carcomen, ni los ladrones se meten a robar". (Mt 6:19-20).

La miré a los ojos, tratando de ayudar, pero de mi boca no salían palabras. ¿Qué podía decirle? ¿Cómo podía ayudarla? Me venían a la mente frases como "Lo siento mucho", "Ellas siempre te querrán", u otras por el estilo. Son cosas que solemos decir en este tipo de circunstancias, que ayudan mucho al doliente, pero que nunca jamás cubren la falta de quien se ha ido.

En mi sueño abracé a esta desconocida y, sin palabras, quise que fuera mi alma la que le llevara un poco de paz y amor incondicional del cielo. Quizás estar allí presente era todo lo que podía hacer por ella. Me desperté con la sensación de haber ayudado a alguien, no sabía cómo, en un momento muy difícil de su existencia.

La vida te va a presentar incontables situaciones en las que otros van a necesitar de tu presencia, amor incondicional y fortaleza para no sucumbir. Esa fortaleza puede ser material, afectiva, espiritual o integral, porque pueden necesitar todo junto. Puede ser, como en el caso del sueño que acabo de contarte, o en la historia del pastor Wilkerson con Nicky Cruz, que solamente tu presencia amorosa sea lo que se necesite. No importa. Lo que importa es que te conviertas en un pilar para otros. Pero recuerda: lo que hagas, hazlo de corazón, porque es el **sentimiento, la intención, el amor**, lo que realmente tendrá peso cuando estés en la revisión de tu vida. Tenlo presente mientras vivas, ya que esa es la cosecha que vas a recoger cuando te llegue tu momento de morir. Recuérdalo siempre.

No estás solo

Dios está comunicándose contigo constantemente de innumerables maneras. A través de tu ángel de la guarda o de cualquier otra forma, El está pendiente de ti a cada instante de tu vida. En realidad, va a usar todos los recursos disponibles para que lo escuches y para que comprendas su respuesta. Lo que debes hacer es, durante toda tu vida, mantenerte alerta y pedirle su orientación y guía. El, de seguro, te responderá.

Dios va a usar todos los recursos disponibles para que lo escuches y para que comprendas su respuesta.

Una de las vías que El utiliza para hablar contigo y ayudarte son los sueños. Presta atención a los mensajes que recibas, porque muchas veces contienen la clave que necesitas o estás esperando para resolver una determinada situación.

He tenido verdaderas revelaciones para mi vida de esta manera. Quienes han vivido cosas similares saben cuán cierto es eso de que Dios, verdaderamente, puede manifestarse en sueños cuando no logramos ver otras señales que El nos está enviando, bien para bendecirnos, o bien para sacarnos de una situación difícil.

Podría citar muchos, muchísimos ejemplos, pero aquí voy a referirme específicamente a un evento que fue, por demás, extraordinario para mí.

Estaba yo en Estados Unidos, tratando de sacar adelante una publicación cristiana con mi propio esfuerzo y mis propios recursos. Sin embargo, a pesar del arduo trabajo que los colaboradores del periódico y yo hacíamos, las cosas iban cada vez de mal en peor. Las ventas de publicidad no alcanzaban a cubrir los costos de producción, y llegué a un punto en el que me quedé sin un centavo en el bolsillo. No sabía qué hacer. Había vendido mi casa, mi carro, mis enseres, todo en Venezuela, porque creía firmemente que aquel periódico era el camino a través del cual podría llevar la palabra de Dios a otros y con el que mis necesidades básicas y las de mis hijos estarían cubiertas.

Pero todo fue un desastre. Era obvio que Dios no estaba bendiciendo lo que yo estaba haciendo, aunque mi intención fuera la más pura. Recuerdo que, manejando un carro viejo rumbo hacia el lugar donde vivía, pensé: *"Dios mío, en estos momentos soy una persona 'pobre'. No tengo casa, ni dinero, ni empresa, no tengo nada material en qué sostenerme"*. Todo lo había perdido tratando de sacar adelante aquel proyecto con intención evangelizadora, y ya no tenía más de dónde sacar dinero, ni siquiera para sobrevivir.

Cuando me fui a dormir esa noche tuve un sueño. Estaba parada, entregando a unas personas unos pergaminos que tenían escrita la palabra "volunteer" ("voluntario", en inglés) en letras grandes, color sepia. Jesús, nuestro Señor, detrás de mí, guiaba mi mano en la medida en que entregaba los pergaminos. Había tres personas a quienes el Señor estaba galardonando. Las de la derecha y la izquierda se veían borrosas, no recuerdo sus rostros. Sin embargo, la figura del centro era la de mi gran amiga Estrella, quien había trabajado incansablemente conmigo arriesgando como yo todo lo que tenía, su trabajo y su ingreso, para dedicarse de lleno a tratar de llevar La Palabra de Dios al mundo, como en ese momento la entendíamos. Inmediatamente después de que Estrella recibió su pergamino desapareció esa escena y entonces me vi sentada detrás de un escritorio grande, color café, con muchos papeles. Detrás de mí había un archivo de metal gris que, de repente, se movió y se colocó enfrente de mí. En él ví la palabra "Acierto".

Me desperté buscando la interpretación de todo aquello. Jesús entregando un reconocimiento a aquellas personas estaba diciéndome que ellas habían cumplido su objetivo, como cuando nos graduamos después de estudiar y nos entregan un diploma. El mensaje, entonces, era que Dios daba por concluida la tarea del periódico, y que el propio Jesús reconocía a quienes más habían colaborado con El en su ejecución y distribución. El archivo significaba conocimientos guardados, el color gris y de metal significaba que eran cosas que no eran nuevas, llevaban mucho tiempo allí, y el hecho de que se moviera de detrás hacia delante de mí significaba que eran los conocimientos y experiencia del pasado que se me ponían delante en mi vida otra vez, en mi presente y futuro. Como el archivo y el escritorio se utilizan en el trabajo, entendí que se trataba de experiencias y conocimiento laboral. Finalmente, "Acierto" era el nombre de la empresa de reclutamiento y selección de personal que yo manejaba en Venezuela y que le vendí a mis compadres antes de viajar a Estados Unidos.

Era obvio que Dios no quería el periódico, ni bendecía aquel esfuerzo, al menos, tal y como iba. Sin embargo, fue muy obvio también que El reconocía la intención del corazón y que nos estaba dando unas salidas. A mi amiga la liberaba, la enviaba con Su bendición, y a mí me indicaba cuál era el camino que debía seguir para producir el dinero que tanto necesitaba para pagar la renta, procurar dinero para mis hijos y comer.

Como siempre, humanos al fin que somos, comencé a cuestionar el sueño y mi interpretación. No tenía la más remota idea de cómo iba a regresar a mi trabajo de reclutamiento y selección de personal, y tampoco sabía de dónde iba a venir el ingreso económico que con tanta urgencia necesitaba.

Seguí trabajando en el periódico y al tercer día del sueño fui a visitar a unos empresarios que habían llamado porque querían colocar un aviso. La compañía quedaba aproximadamente a media hora de distancia de donde yo vivía. Llegué a la hora indicada y allí estaban esperándome los dueños, un matrimonio de hispanos, quienes indicaron que "querían colocar un aviso para ofrecer empleos a través de una firma de reclutamiento y selección de personal".

Aún sin relacionar ese encuentro con mi sueño, comencé a darles algunas ideas para el aviso. Como comentario suelto, les dije que podía ayudarlos a redactar un buen mensaje porque yo había trabajado por más de veinte años seleccionado y reclutando personal en Venezuela, manejando mis propias empresas. No había yo terminado de decir eso, cuando mis entrevistadores se miraron uno al otro y comenzaron a hacerme preguntas. Ya no se trataba de cómo publicar un aviso, sino de cómo levantar el negocio. Les respondí, les di ideas, los estimulé a que salieran adelante. Fue entonces cuando Lorenzo, el dueño de la firma, me dijo: *Todo esto nos sorprende mucho y parece que fuera un milagro. Hoy mismo le pedimos a Dios que nos ayudara con esta empresa, porque mi esposa no puede hacerlo a tiempo completo y yo no tengo ningún tipo de experiencia en esto. ¿Podrías ayudarnos a sacarla adelante"?* El periódico dejó de salir. No tenía más dinero para publicarlo. Comencé a colaborar con Lorenzo y su esposa quienes, a su vez, me ayudaron con el dinero que necesitaba para vivir y para que mis hijos pudieran seguir adelante, hasta que regresé a Venezuela. Estrella se dedicó de nuevo de lleno a su actividad, arreglándoles y pintándoles las uñas a sus clientas. Con eso salió adelante y otra vez estuvo en capacidad de pagar sus cuentas.

Mantente alerta. En primer lugar, porque hay muchas cosas que, por buenas que te parezcan a tí, a lo mejor no son exactamente lo que Dios tiene en su plan para tu vida. En segundo lugar, porque El te dará señales, muchas, de todas las maneras posibles, para que sepas que no estás solo y entiendas hacia adónde El quiere que vayas, para guiarte hacia adonde está tu verdadera bendición. Seguir esas señales te ayudará a evitar muchos problemas en la vida, a resolver aquellos en los que te hayas metido y a sobrellevar las circunstancias difíciles que se te presenten por delante para tu crecimiento personal.

Estar atento a las instrucciones de lo alto también te ayudará a estar listo y a saber cuando se acerque tu momento de morir. Intuitivamente lo sabrás, como lo han demostrado muchos de los que se han ido antes que nosotros.

Nunca has estado solo y nunca lo estarás. Dios está contigo desde antes de tu nacimiento y te acompañará eternamente. Recuérdalo y tenlo presente siempre.

El sueño con la virgen

Amanecía un domingo a finales de mayo. Richard, mi esposo, estaba terminando de salirse de una empresa de jardinería con la que se había asociado hacía poco más de tres años y habíamos pasado unos días un poco revueltos, intercambiando cartas con los otros socios y tratando de salir lo menos perjudicados posible de esa negociación. Sobre todo me preocupaba mucho Richard porque, siendo un hombre tan bueno y noble como es, una vez más iba a salir engañado y con las tablas en la cabeza. Por otra parte, me sentía angustiada por las relaciones a veces tensas entre algunas personas que conozco en Baton Rouge. Unas no quieren a las otras, se critican entre sí, otras más se sienten ofendidas si nos las invitan a alguna reunión, o si alguien invita a alguien que no es del agrado de pequeños grupitos... En fin, asuntos humanos a los que se les da una desmesurada importancia, mientras se pierde de vista el verdadero significado de la vida.

Esa situación me hizo recordar una anécdota de cuando era niña. Tendría cerca de siete años. Mis padres, mis primeros tres hermanitos Rubén, Luis y Antonio, nuestro hermano mayor Leandro y yo vivíamos en una urbanización al este de Caracas llamada "Las Mercedes". Era una zona muy bonita y agradable y para aquel entonces poblada de muchos matrimonios jóvenes con hijos pequeños.

En el edificio de al lado vivía una familia de chilenos con sus seis hijos, uno de los cuales es el actualmente famoso ventrílocuo Carlos Donoso. Los demás niños del vecindario nos referíamos a ellos como a "los chilenitos" y juntos compartíamos toda clase de juegos en el terreno cubierto de grama que unía a los dos edificios.

Pasaron algunos meses y los chilenitos anunciaron que iban a mudarse. Me sentí muy triste y fui, con los demás niños y niñas de ambos edificios, a ayudar a colocar los últimos juguetes de nuestros amigos en el carro en el que se iban. Las chilenitas mayores, María Cristina y Maritza, estaban llorando. Las otras niñas que estaban conmigo y yo también lloramos, evidentemente conmovidas por el evento.

Sin embargo, tan pronto el carro de aquellos queridos amiguitos arrancó, las niñas que estaban en el grupo conmigo comenzaron a lanzar gritos de euforia: "¡Se fueron los chilenos, al fin se fueron!"

Yo no lo podía creer. Tampoco entendía nada. Lloré mucho más aún y subí corriendo las escaleras del edificio a contarle a mi mamá lo que había pasado. Creo que fue uno de mis primeros encuentros con la hipocresía humana, con la mentira y la deshonestidad en el trato con otros... ¡y eso que éramos apenas unos niños! Más tarde en la vida me encontré muchas situaciones similares. Siempre me molestó que la gente no fuera sincera, que le pusiera sobre nombres a otros y que se burlaran de ellos a sus espaldas.

Quizás todos estos recuerdos vinieron a mi memoria de manera inconsciente y soñé lo siguiente:

A mi lado derecho había unos hombres discutiendo acerca de dinero. Yo los veía como desde afuera y, de pronto, la imagen se hizo muy pequeña y quedó como graficada detrás de un inmenso papel color crema. Delante apareció un círculo azul con el número uno en letras amarillo-doradas. En ese momento la reflexión fue algo así como: "¿Por qué pierden tiempo estos hombres discutiendo por cosas tan triviales como el dinero?"

Inmediatamente aparecieron a mi izquierda unas mujeres. Estaban molestas y rezongando por lo que una le había dicho a la otra. La escena despareció detrás del papel y en su lugar apareció un círculo azul con el número dos en letras igualmente amarillo-doradas. La reflexión fue muy similar: "¿Por qué pierden tiempo valioso de su vida estas mujeres en cosas que no tienen ninguna importancia?"

Entonces ví al fondo a la virgen, toda rodeada de azul. Sentí una atmósfera de paz, protección y amor maternal. La verdad es que nunca he sido devota de la virgen y por eso me desperté pensando en que quizás debo prestarle más atención y recibir la protección que siempre está dispuesta a darnos a todos.

Si eres devoto de María y crees que ella puede interceder por ti ante Dios, está bien. Las madres nos fortalecen con su amor y nos dan seguridad. Lo importante, sin embargo, es que tengas siempre presente que puedes ir de manera directa a Dios, de la mano de la Virgen y de todos los santos y seres buenos del cielo. Ellos intercederán por ti cuando los necesites, al igual que tú po-

> " ¡Salve, muy favorecida!
> el Señor es contigo:
> bendita tú entre las
> mujeres...!"
> (Lc 1:26)

drás hacerlo por otros siempre.

María fue una mujer verdaderamente excepcional y única en el mundo, un alma pura de extraordinaria y sin igual belleza, a la que Dios **escogió** como madre de Jesús. La historia dice así: *"A los seis meses, Dios envió al ángel Gabriel a Nazaret, pueblo de Galilea, a visitar a una joven virgen comprometida para casarse con un hombre que se llamaba José, descendiente de David. La virgen se llamaba María. El ángel se acercó a ella y le dijo:*
-¡Te saludo, tú que has recibido el favor de Dios! El señor está contigo.
Ante estas palabras, María se perturbó, y se preguntaba que podría significar este saludo" (Lc 1:26-29). ¿Te imaginas lo que significa ser la madre de Jesús? ¿Qué vientre podía alojar a nuestro amado y santo Señor? No había otra mujer en el mundo sino ella. Por eso María significa en hebreo "la elegida del Señor".

Ella puede darte señales y guiarte amorosamente para que entiendas lo que Dios quiere para ti. Si ese es tu camino ándalo con fervor y sigue la ruta señalada. Sin duda te conducirá hacia Jesús, hacia la paz en la vida y hacia una transición serena cuando vayas a morir.

Cómo ayudar a otros a bien morir

En una oportunidad asistí con mi primer esposo Guillermo, quien ya murió, a unos cursos que dictaban en Caracas unas personas que decían ser representantes de seres del espacio. En mi vida he estudiado todo lo que he podido acerca de Dios, religiones, metafísica, teosofía, espiritualidad, siempre buscando un camino y una respuesta que me llevara a entender mejor mi propia vida y la de los demás. Realmente no se dónde se originaron los manuales de instrucción que estos representantes de los hermanos celestes tenían, pero lo que sí puedo decir es que toda su enseñanza se basaba en el amor desinteresado hacia otros. También nos enseñaron técnicas que ciertamente han funcionado. Fueron enseñanzas muy valiosas acerca de cómo vivir mejor en la tierra ayudándonos unos a los otros y una de las tareas en la que hicieron énfasis fue en que aprendiéramos a ayudar a bien morir a los demás. Eso es lo que te ofrezco ahora.

Los instantes antes de la muerte pueden ser la última oportunidad que tenga un alma de prepararse para la partida. Después de su nacimiento, es el momento más trascendente de su vida.

Cuando estés frente a un moribundo a quien quieres ayudar en su paso al más allá vas a concentrarte en las necesidades de su cuerpo, mente y espíritu. Son tres áreas interconectadas y, al mismo tiempo, diferentes entre sí. Debes tratar de abarcar las tres **en la medida en que te sea posible.** Lo que vas a hacer para ayudar es muy útil e importante y no interfiere para nada con los servicios religiosos que la persona haya recibido o esté por recibir, incluyendo la unción de los santos óleos que hacen los católicos creyentes.

> Cuando estés frente a un moribundo recuerda que estás frente a un momento sagrado.

Lo que la persona valora más son sus sentimientos y en esos críticos momentos es algo que debes tener muy presente. Ofrécele a quien está por partir tu mayor respeto y esfuérzate para que todo lo que hagas esté lleno de amor. Atiéndelo, acarícialo, arrópalo, háblale con cariño, hazlo sentirse importante, cuidado, querido y protegido. Por encima de todo, recuerda que lo que vas a presenciar, la muerte de ese ser humano, es **un momento sagrado.**

Cuerpo físico

Todos tenemos en las palmas de las manos y en las plantas de los pies unos receptores de energía llamados por los hermanos del espacio "vitris". Son como los poros de nuestra piel a nivel energético, por donde absorbemos y enviamos energía. Esa es la razón por la cual las religiones y cultos del mundo hacen tantos movimientos con las manos. Si te fijas, por ejemplo, en un sacerdote católico en el momento de la consagración del pan y el vino, observarás que levanta sus manos al cielo y luego las coloca palma abajo sobre la hostia y el copón. Por eso los carismáticos y esotéricos elevan sus manos las cuales, una vez cargadas con la energía pura del cielo, son utilizadas para bendecir, sanar enfermedades e incluso exorcizar. Fíjate en las fotos del Papa cuando bendice a las multitudes. Fíjate en las pinturas que se han hecho de Jesús, en las que, de alguna manera, está siempre utilizando las manos como instrumento para dirigir una energía específica. Es importante que observes que sus manos no están rígidas, sino que dobla siempre los dedos meñique y anular, mientras bendice con los dedos índice y medio de la mano derecha. Todo eso tiene un significado interesante y profundo del que podremos hablar en otra ocasión. Sin embargo, ya sabiendo lo anterior, podrás ayudar más efectivamente a quien esté por morir, usando sus receptores de energía vital.

Ese último contacto físico con otro ser humano va a ser muy importante para quien se despide y va a ayudarlo a hacer más suave su transición.

Si puedes, lleva contigo un frasquito de aceite de sándalo. El sándalo emite un aroma neutro de alta vibración y es por esa razón que se usa tanto en servicios espirituales de diferentes religiones en el planeta entero. Toma la planta de cada pie de la persona moribunda, y frótalo con suavidad con ese aceite. Es como un ligero masaje que vas a darle. Con eso vas a darle un poco de calor, al tiempo que estarás ayudándolo a absorber energía relajante que lo ayudará a conectarse más fácilmente con los planos de luz a los que está a punto de de ir. Haz lo mismo con las palmas de sus manos y la frente, a nivel del entrecejo, en la parte posterior del cuello y el pecho.

Una vez que hayas hecho esto, toma a esa persona de la mano, mientras la acaricias suavemente la cabeza. Este último contacto físico con otro ser humano va a ser muy importante para quien se despide y el amor que vas a transmitirle va a ayudarlo a hacer más suave su transición.

Emociones-Ayúdalo a confesar

Es muy posible que en esos momentos finales el moribundo todavía tenga muchas cuentas por saldar, tristezas, culpas, resentimientos, apegos y añoranzas que le estén impidiendo morir en paz. Es aquí, precisamente, donde vas a ofrecer tu ayuda. Si la persona aún puede hablar, estimúlala a que lo haga. No la interrumpas. Recuerda que es él o ella quien está a punto de irse y necesita cada segundo del que pueda disponer. A lo mejor quiere pedir perdón a alguien, incluso a ti mismo. Puede ser

Hazle ver todo lo bueno y positivo de su vida. Ayúdalo a valorar las cosas buenas que haya hecho o compartido. Recuérdale la gente a quien ayudó y el amor que dio. Si fue buen padre o buena madre, o buen hijo, o hermano, o amigo o trabajador, díselo. Puedes recordarle más de una ocasión en la que hizo bien a otros.

que exprese su tristeza por dejar la tierra o quizás quiera dejar instrucciones respecto a algo. Sea lo que sea, con mucho cariño, con una gran comprensión y sin juicios, conversa con esa persona y estimúlala a que te cuente sus penas, a que te abra su alma y te diga lo que quiera decir. Puede ser que exprese de qué se avergüenza, qué le entristece, de qué se arrepiente. Si ha habido un problema contigo, dile que, de todo corazón, perdonas cualquier ofensa y asegúrale que no vas a recordar ese agravio nunca más. Si la persona aún puede comunicarse le harás un inmenso bien al permitirle liberarse del peso de la culpa que pueda estar angustiándolo. Deja que hable y préstale suma atención. Si puedes, incluso, escribe lo que te diga, de manera que no olvides nada. El hecho de que el moribundo descargue en otra persona sus angustias, incertidumbres, culpas, temores y otras emociones lo va a ayudar muchísimo. Es parte del proceso de curación que los psicólogos llaman "catarsis". Esta es una de las razones por las que los católicos insisten tanto en enviar un sacerdote a confesar a sus seres queridos que están por morir. En realidad lo que están haciendo es ofreciéndoles una oportunidad de quedar en paz. Tú puedes complementar esa ayuda, si el moribundo la ha recibido, o sustituirla si la persona no quiere ninguna asistencia religiosa o ésta no está disponible. Si la persona ya no puede hablar no te preocupes. Recuerda que el oído es lo último que se pierde. Esa persona te escucha y te entiende. Por lo tanto, háblale y estimúlala a que, mentalmente, pida perdón por todo aquello que lo esté perturbando en ese momento.

Luego, una vez hecho esto, reestructura a esa persona. Eso quiere decir que le hagas ver todo lo bueno y positivo de su vida, por muy triste o dolorosa que haya sido y que lo ayudes a valorar las cosas buenas que haya hecho o compartido. Recuérdale la gente a quien ayudó y el amor que dio. Si fue buen padre o buena madre, o buen hijo, o hermano, o amigo o trabajador, díselo. Incluso, si lo conoces bien y puedes recordarle más de una ocasión en la que hizo bien a otros, hazlo sin demora. Es como si cerraras un círculo que quedó dibujado hasta la mitad. La primera mitad es lo que dijo o pensó el moribundo y la otra mitad es lo que vas a decir tú para cerrarlo. El ejemplo de Mario puede ilustrarte esto.

En aquellos días estaba joven y recién casado. Su primera hijita tendría menos de dos años, cuando la situación económica de su país se volvió intolerable. Entonces convino con su esposa en que él se iría a Venezuela en busca de mejores condiciones de vida y, una vez estabilizado allí, regresaría a buscar a su familia.

Así lo hicieron. Mario se fue de su tierra y, al llegar al nuevo país, quedó deslumbrado con las costumbres, la gente y las posibilidades de progreso que veía. Para más o menos mediados del siglo pasado en Venezuela todo se presentaba mucho más fácil y las oportunidades de negocios, sobre todo en el área de la construcción, eran muy buenas. Era como el paraíso anhelado, donde Mario y su familia vivirían para siempre. Así, con ese objetivo en mente y un incontenible entusiasmo, el joven profesional comenzó a trabajar diligentemente en levantar una pequeña empresa de servicios. Fue entonces cuando conoció a Lucy. Fresca, desinhibida y alegre, también extranjera en aquella nación, quedó impactada con la carismática personalidad de Mario. El apuesto muchacho no pudo resistir sus encantos y muy pronto terminaron uno en los brazos del otro, mitigando sus soledades con desenfrenados encuentros de amor en medio de un derroche de besos y de intensa pasión. Sin embargo, nunca contaron con lo que sucedería pocos meses más tarde cuando Lucy, después de visitar al médico, le anunció a Mario que estaba embarazada.

La noticia dejó perplejo a Mario. Por su mente pasaron, una a una, todas las escenas de alegría vividas en su noviazgo y matrimonio en su país, el nacimiento de su hija, su familia, su hogar. El alma se le hacía pedazos al comprender las consecuencias de su conducta y lo que eso significaría para todos los involucrados. Tomó una decisión y le pidió a Lucy que abortara al niño.

Lucy lloró, maldijo a Mario, pero se hizo el aborto clandestino y se desapareció de la vida del joven para siempre. Mario se fue a su tierra, recogió a su esposa y a la niña y se los llevó con él a Venezuela, donde se estabilizaron y adonde más tarde llegaron otros dos hijos a complementar el núcleo familiar.

Sin embargo, la culpa persiguió a Mario durante toda su vida. Mientras veía a sus hijos crecer y desarrollarse felices, triunfando en sus estudios y en todas sus actividades, le venía a la mente la imagen de aquel hijo a quien él le impidió nacer. Las preguntas se agolpaban en su mente, como una obsesión. ¿Cómo habría sido? ¿Se habría parecido a él? ¿Cómo pudo él ser capaz de quitarle la vida a un inocente? Muchas veces amanecía Mario con grandes ojeras y el rostro desencajado después de mal dormir, sin que nadie supiera por qué. Mentía por tonterías y siempre se le veía apurado, como si algo constantemente lo persiguiera.

Nunca confesó su secreto. Aunque yo era mucho menor que él, me había enterado por una persona muy allegada a él de lo ocurrido antes de que su esposa llegara a Caracas. Pero nadie en su familia, ni siquiera su propia esposa, supo de la culpa tan

> *Dios perdona a sus hijos tan pronto se arrepienten y ese perdón es para siempre.*

inmensa con la que este hombre vivió por toda su vida.

Pasaron los años y el día que tenía que llegar llegó. Mario, anciano y moribundo, se revolvía entre las sábanas de la cama clínica en que lo habían colocado. Sus hijos, ya hombres y mujeres adultos, lo visitaban trayendo consigo a sus propios hijos, los nietos de Mario. Su fiel esposa de toda la vida, envejecida y débil, también estaba allí a su lado, atendiéndolo en todo lo que podía, tal como lo había hecho sin descanso desde el mismo día en que se casaron. Los padres de Mario habían muerto hacía bastante tiempo, al igual que dos de sus hermanos y su cuñado más cercano. El momento de la verdad había llegado y Mario no sabía qué hacer. Como amiga de la familia yo estaba allí para ayudar en lo que pudiera y Mario pidió unos momentos de silencio para hablarnos a su esposa, su hijo mayor y a mí. Entonces, dejando de lado su orgullo y el sentimiento de autosuficiencia que lo acompañaron por siempre, en medio de un intenso dolor frente a una imagen de Jesús resucitado que apretaba contra su pecho, nos contó su historia.

A su anciana esposa se le llenaron los ojos de lágrimas, pero no dijo nada. Mario estaba inquieto, balbuceando. Lo tranquilicé, hablándole suavemente. Lo felicité por haber tenido el valor de hablar y le hice ver lo buen padre que había sido para sus otros hijos, lo ayudé a valorar cuánto los había cuidado, protegido y querido, lo que había trabajado por ellos, cómo los había estimulado durante sus vidas y cómo, gracias a él, se habían hecho hombres y mujeres de bien. Le hice ver que Dios le había enviado a esas almas para que compensara a través de ellas el amor que le hubiera dado al ser que no pudo nacer. Le dije que Dios perdona a sus hijos tan pronto se arrepienten y le recordé que **ese perdón es para siempre.**

A los pocos minutos el hijo mayor se acercó a Mario y le dio una palmada en el hombro diciéndole: "¡Ajá, así que no fuiste tan santito como creímos! ¡Ajá!" Su tono jocoso nos hizo reír a todos menos a Mario. Sin embargo, se veía ahora mucho más sereno, como si se hubiera quitado un gran peso de encima. Respiró profundamente y entonces, aprovechando el silencio que se hizo en el ambiente, le pregunté si quería que lo visitara un ministro religioso. Mario asintió y el hijo mayor se movilizó inmediatamente. Fue a su iglesia y buscó al cura que lo había conocido por años, cuando Mario podía caminar, correr y dirigir grupos de ayuda voluntaria en la parroquia. La familia de Mario y yo salimos de la habitación. La puerta se cerró tras el sacerdote y Mario, en un último esfuerzo de comunicación, seguramente descargó también en el buen padre el gran secreto de todo lo que había sucedido casi seis décadas atrás. Seguramente el sacerdote lo escuchó tranquilamente, como escucha Dios, y seguramente también le dijo que sus pecados estaban perdonados, porque Mario cerró los ojos en presencia del padre y murió instantáneamente.

En su arrugada piel quedaron las lágrimas que tan férreamente había contenido por tantos años. Hoy sé que el anciano se fue en paz al encuentro de Jesús, muy probablemente dando infinitas gracias al cielo por haber podido liberarse de su culpa y haber encontrado el perdón antes de partir.

Ayuda espiritual

Si Mario hubiera conocido el amor de Dios antes de estar en su lecho de muerte, no habría vivido la atormentada vida que llevó. Si en aquellos días en que se debatía entre la culpa y sus obligaciones diarias él hubiera buscado ayuda espiritual, seguramente la habría encontrado. Alguien le habría dicho que todos fallamos en algún momento o en muchas ocasiones a la Ley del Amor y le habrían recordado incansablemente que el amor de Dios es tan infinito hacia sus criaturas, que El comprende a cada uno, recibe a todos, **perdona y no recuerda nunca más** sus faltas.

En una ocasión escuché a un predicador evangélico explicar la diferencia entre olvidar y no recordar. Decía el pastor que, mientras el olvido es involuntario, el no recordar es un acto de la voluntad. No es que a Dios se le olviden nuestras faltas, las tuyas y las mías, sino que voluntariamente, una vez que hemos pedido Su perdón, El decide no recordarlas nunca más. Háblale a la persona que está por morir. Dile que todo está bien y que Dios lo ama. Explícale que van a venir a su encuentro seres muy bellos, muy probablemente parte de sus seres queridos que han muerto antes, y que esas personas lo van a ayudar en su transición. Explícale que va a pasar por un túnel recto, detrás de cual verá una intensa y hermosa luz. Dile que va a sentirse muy bien, sin dolores físicos. Explícale que va a ver la película de su vida en retrospectiva y que el propósito de esa visión va a permitirle evaluarse a sí mismo. Tranquilízalo recordándole que todas las cosas buenas que hizo, por pequeñas que hayan sido, van a tener un peso inmenso cuando esté revisando su vida frente a Dios. Si el moribundo es cristiano, dile que quien va a acudir a recibirlo va a ser el mismo Jesús, porque así lo ha prometido El a todos los creyentes. No te canses de repetirle a la persona que está por morir que Dios lo ama y que lo espera con gran alegría, así como los padres terrenales esperan al hijo que regresa de un largo viaje. Aunque el hijo llegue sucio y adolorido, aunque no se haya comunicado con ellos por mucho tiempo y aunque, como el hijo pródigo, haya malbaratado su herencia, con solamente el hecho de que regrese a su casa los padres se alegran, lo esperan y se llenan de amor para él sin recordar nada de lo malo que ese hijo haya podido hacer. De la misma manera, a nivel espiritual, Dios espera a todos y cada uno de sus hijos que vuelven a El arrepentidos de sus fallas, buscando el perdón y la reconciliación con El, el Padre eterno de toda la humanidad.

Vas a ver un cambio en el moribundo. Vas a percibir que su alma se llena de paz y esperanza. De esa manera lo habrás ayudado a morir en paz.

Las separaciones siempre duelen

Todas las separaciones son dolorosas. Cuando dejamos a nuestro hijo por primera vez en el maternal, cuando alguien se muda o se va de viaje, cuando decimos adios a un amor, a una escuela, a una situación... Esa es la primera gran razón por la que lloramos la muerte de un ser querido. Nos duele soltar lo que amamos y, cuando el amor es mutuo y profundo, lloramos por nosotros mismos, por los que quedan y por el que se fue. ¿Por qué?

En primer lugar lloramos por lo que vamos a extrañar. Nos hace falta esa persona, su presencia, lo que él o ella traían siempre consigo, lo que fueron para nosotros. En esos momentos lloras por ti, por el vacío, por la soledad y por lo que pierdes con esa separación tan importante.

Sin embargo, también lloras por el que se va. Probablemente hubieras querido que siguiera viviendo, que lograra sus objetivos y que continuara con sus proyectos.

En otras ocasiones podemos llorar movidos por la lástima que nos produzca una muerte violenta o inesperada o porque te identificas con la tristeza de los deudos de quien se fue.

Es importante que sepas que es de esperar que sientas tristeza y que expreses tu llanto. Hasta el mismo Jesús lloró cuando murió su amigo Lázaro. La Biblia dice así: "... *Al ver llorar a María y a los judíos que la habían acompañado, Jesús se turbó y se conmovió profundamente.*

-*¿Dónde lo han puesto? -preguntó*

-*Ven a verlo, Señor -le respondieron.*

Jesús lloró" (Jn 11:33 –35).

Debes aceptar con serenidad lo que sucede cuando alguien muere y procesar tu pérdida. En esos casos busca el apoyo y la compañía de otros y, sobre todo, busca la oración. Hablando con Dios, entregándole a El tu tristeza, vas a sentir un alivio y una paz profundos, incomprensibles al sentimiento humano.

Poco a poco y con el correr del tiempo te irás adaptando a vivir sin el que se fue y un buen día volverás a sonreír y a sentir de nuevo alegría por vivir.

Sin negar tu tristeza, recuerda también lo que ya sabes. La muerte es solamente una separa-

Debes ayudar al que se fue. Dile suavemente que estarás bien, que tu amor siempre lo acompañará y que algún día volverán a encontrarse.

ción temporal y el ser amado que se te fue siguió su camino hacia otros planos de existencia. Ora a Dios por él o ella, con la seguridad de que El escuchará tus oraciones. De la misma manera como un buen pensamiento o un buen deseo afecta a los seres con quienes compartimos en la tierra, así mismo esa corriente eléctrica fluye hacia otras dimensiones y alcanza a quien acaba de partir. Tus oraciones siempre le harán mucho bien. Recuerda también que la lección más difícil y a la vez la más liberadora es aprender a soltar. No debes atar a quien se fue. Mientras él o ella te vean desde el otro plano en un estado de desesperación y crisis constante no van a poder estar en paz. Recuerda que quienes se han ido te ven, escuchan y sienten profundamente. Ellos experimentan una angustia muy grande cuando no pueden comunicarse contigo para decirte que están bien y que no quieren que llores más. Como ya tú sabes esto, más bien debes ayudar al que se fue. Dile suavemente que estarás bien, que tu amor siempre lo acompañará y que algún día volverán a encontrarse. Suéltalo amorosamente en manos de Dios. Ambos, tú y tu ser querido que se ha ido, necesitan la libertad para ser felices. Se volverán a ver. Recuérdalo siempre.

Te darán permiso para volver

El terremoto Caracas del 29 de julio de 1967, de 6.4 grados en la escala de Ritcher, provocó la caída de varios edificios. Mucha gente perdió la vida atrapada por los escombros. Fue una tragedia de impacto nacional.

Unos vecinos contaron que unos hermanitos de 6 y 7 años de edad, huérfanos de padre y madre, estaban en un apartamento en la urbanización Los Palos Grandes, en uno de los edificios que se habían desplomado con la sacudida. Los tíos, quienes se habían hecho cargo de los niños, habían salido de compras por poco tiempo y habían dejado a los niños encerrados en el apartamento mientras regresaban.

Los niños contaron que oyeron el timbre de la puerta y, al abrir, vieron a su papá y a su mamá, quienes les dijeron que los iban a llevar al parque. Los niños salieron del edificio con sus progenitores pocos minutos antes de que el fuerte temblor sacudiera la ciudad. A su regreso los tíos encontraron el edificio en el suelo y a los niños sanos y salvos esperándolos en una esquina a dos cuadras del edificio desplomado. La historia corrió como pólvora entre muchos caraqueños, al igual que otras de casos similares en los que a quienes han muerto les es permitido volver por momentos muy especiales para auxiliar a sus seres amados.

Cuando mi hermana Rosanela tendría alrededor de siete años de edad, el colegio pidió su partida de nacimiento. Las monjas necesitaban ese documento para registrar oficialmente a mi hermana en educación primaria, pero mi mamá no se acordaba cuándo la habían presentado en la jefatura. Rosanela había nacido prematuramente (cuando mi mamá tenía seis meses de embarazo), y por esa razón, los médicos la habían tenido en una incubadora en la clínica por casi tres meses, con la esperanza de que la niña superara todas las dificultades que tenía y viviera. Mi hermana vivió y, con el tiempo, caminó, habló y pudo incorporarse a la escuela como los demás niños de su edad.

Mi mamá no encontró la partida de nacimiento de Rosanela en la casa y se fue a la jefatura a buscarla. Era el tiempo en que todavía no había computadoras. Todo se escribía y se buscaba manualmente, archivo por archivo, en gruesos cuadernos manuscritos identificados por fechas. Mi mamá estuvo buscando día tras día en aquellos libracos a ver si encontraba el nombre de mi hermana, mes tras mes de todo el año 1967, que fue cuando ella nació. Pero no consiguió nada. Un día de tantos, cansada y preocupada, regresó una vez más a la casa, sin saber qué hacer para encontrar la fecha de la presentación de la niña. Sintió sueño y se recostó a dormir la siesta.

Al cabo de quizás unos veinte minutos, se despertó y, sin ninguna razón especial, se puso a revisar una gaveta. Allí, junto a fotos viejas, papeles y otras cosas, de pronto vio una carta que me había enviado a mí mi abuelita Mima seis años atrás, cuando mi hermano Rubén y yo estábamos en un campamento de verano en Estados Unidos. Mi mamá cuenta que, en lugar de guardar la carta con todo lo demás, sintió el impulso de abrirla.

Y, ¿sabes qué decía la carta? Comenzaba así: "Querida mamita: Hoy 8 de agosto fuimos a la jefatura a presentar a la tripona, que hasta ahora ha estado indocumentada ..."
¡Allí estaba el dato exacto que mi mamá necesitaba! Mi abuela había muerto hacía cinco años y era la única persona a quien mi mamá podía recurrir para que le dijera dónde encontrar el documento. Cuando mi mamá fue a la jefatura encontró los datos de mi hermana, exactamente en la fecha que decía la carta.

Te darán permiso para venir a la tierra en ocasiones puntuales para ayudar a los tuyos a resolver algún problema importante, evitarles peligros u orientarlos hacia lo que va a ser para su bendición. Estoy segura de que muchas personas que están leyendo esto han vivido experiencias lindas con seres queridos que han muerto y saben de lo que estoy hablando. Dios, quien ama a cada uno de sus hijos con amor infinito, oirá tus ruegos al igual que los de los tuyos. Volverás con permiso especial, siempre para hacer bien, en el nombre del amor y para regresar de nuevo a donde te corresponda.

> *Volverás con permiso especial, siempre para hacer bien, en el nombre del amor y para regresar de nuevo a donde te corresponda.*

Parte 3
LA HISTORIA DE AMOR
Y PERDÓN MÁS GRANDE

En la época del Antiguo Testamento* no existía la crucifixión. Sin embargo este cruel castigo, inventado aparentemente por los persas, se había convertido para el momento en que Jesús vivió en algo común tanto en Roma como en Grecia. Los romanos no crucificaban a su propio pueblo, sino solamente a los extranjeros que hubieran cometido los delitos más graves (World 1970).

Por razones políticas para unos, religiosas o espirituales para otros, Jesús fue arrestado por los romanos a instancias de los líderes judíos religiosos del momento. A pesar de que el propio Pilatos, el prefecto sobre quien recaía la decisión de qué hacer con Jesús, admitió tres veces no encontrar ninguna falta en él, el pueblo pidió su crucifixión y muerte. Los evangelios dicen que los romanos escupieron a Jesús, lo golpearon y le colocaron una corona de espinas en la cabeza. Chick (1977) estima que cada espina de la corona podía haber medido aproximadamente seis pulgadas, lo cual es una medida impresionante.

Pilatos, en un intento de complacer a la muchedumbre, ordenó la flagelación. Aparentemente su intención era la de castigar a Jesús para luego dejarlo ir pensando, quizás, que el pueblo se contentaría una vez que lo vieran salir de aquella tortura bañado en sangre.

La flagelación era un conocido y temido castigo. Los látigos que se usaban en aquel entonces eran tiras de cuero que tenían a lo largo nudos, pelotitas de acero y huesos afilados. Los torturadores estaban entrenados para ejercer toda su fuerza en cada golpe. Por eso, cuando el latigazo llegaba al cuerpo de la víctima, el acero y los huesos de las tiras se le incrustaban en la carne. Luego, cuando el flagelador halaba el látigo, junto con la tiras se venían también pedazos arrancados de la piel y músculos del reo. Los torturados perdían mucha sangre con la fustigación y muchos de ellos morían solamente a consecuencia de este brutal castigo.

Muchos escritores dicen que, cuando le soltaron las manos, que habían sido amarradas a lo alto de la columna sobre la que lo castigaron, Jesús se desplomó al suelo, en medio de un charco de su propia sangre. Tenía el rostro desfigurado por los golpes recibidos, varios de sus dientes estaban a punto de caerse y todo su cuerpo era una mezcla de carne y sangre.

Pilatos lo presentó así ante la muchedumbre, pero su esperanza de liberarlo se desvaneció cuando el pueblo pidió a gritos la liberación de Barrabás, otro reo de los judíos, y la muerte de Jesús. Por tanto, dicen los evangelios que el prelado, pasando la responsabilidad de la decisión al mismo pueblo judío del que Jesús provenía, se lavó las manos delante de ellos indicándoles que no quería mancharse con sangre inocente y ordenó la crucifixión.

Jesús estaba tan débil que no pudo cargar el tronco en el que iba a ser crucificado. Lo hicieron caminar aproximadamente 650 yardas hasta el Gólgota, adonde llegó prácticamente deshidratado. Lo acostaron sobre el madero y lo clavaron allí por las muñecas y los pies.

Los informes médicos que se han hecho de la crucifixión indican que Jesús sufrió una muerte agonizante. Al estar colgado del madero tenía que hacer un esfuerzo descomunal para poder sostenerse a sí mismo y poder respirar. Murió no por asfixia, sino a causa de un infarto.

El reporte de Chick describe lo que sucedió así: *"...la lace-*

rante herida causada por los clavos en el nervio medio de las muñecas explota hacia sus brazos, su cerebro y hacia debajo de su columna vertebral. El clavo que le quema a través de los nervios metatarsiales de los pies fuerza su cuerpo a estar erecto y luego los músculos de las piernas se convulsionan y empujan el cuerpo hacia abajo... golpeándolo contra la cruz. El aire es aspirado, pero no puede ser exhalado hasta que el dióxido de carbono en los pulmones y en el torrente sanguíneo estimula la respiración para aliviar los calambres. El cansancio, el shock, la deshidratación y la parálisis destruyen a la víctima. El corazón es apenas capaz de bombear la espesa sangre en la medida en que cada una de sus millones de células van muriendo, una a la vez. Antes de su muerte, en plena agonía, Jesús está en pleno control de su mente... Finalmente, al momento de morir, la sangre se coagula y se separa en suero y células de sangre coagulada" (Chick 1977). Jesús perdió muchísima sangre y el dolor físico que experimentó fue inmenso.

Al final de la tarde de la crucifixión la guardia romana debía pasar revista a los moribundos y fracturarle las piernas a golpes a quienes todavía estuvieran agonizando, de manera que terminaran de morir. Sin embargo, a Jesús no le fracturaron las piernas porque, cuando los soldados se acercaron él acababa de morir. Para asegurarse de que hubiera muerto, uno de los guardias romanos se acercó y le abrió una herida con una lanza en el costado. La lanza perforó el cuerpo de Jesús llegando dentro del saco alrededor del corazón, de donde brotó agua con sangre. Este hecho solamente ocurre cuando el cuerpo está muerto.

Quienes aborden este tema desde un ángulo de curiosidad se sorprenderán de ver que muchos de los detalles de la muerte de Jesús habían sido anunciados con mucha antelación por los profetas de la antigüedad, como por ejemplo, la afirmación de que, pese a recibir un castigo tan brutal, a Jesús no le fracturarían ni un hueso (Salmo 34:20). Isaías, quien desarrolló su ministerio en la segunda mitad del siglo VIII A.C. en Jerusalén, había predicho que Jesús sería escupido y azotado (Isa 50:6); golpeado y herido (Isa 53:5); que su rostro iba a quedar casi desfigurado (Isa 52:14); y que sería crucificado entre ladrones siendo inocente (Isa 53:9,12). Otros sabios antiguos también profetizaron acerca de Jesús que sus manos, pies y costado serían atravesados (Salmo 22:16, Zac 12:10); que sería golpeado en la cara con un palo (Mic 5:1); que gritaría que tenía sed (Salmo 22:15). Más adelante veremos por qué Jesús murió, por qué tuvo que hacerlo de esa manera tan cruel y por qué los cristianos dicen que él dio su vida por ti y por toda la humanidad. Es algo que la mayoría de las personas todavía no entiende y se pregunta por qué tuvo que suceder. Sin embargo, Jesús sí sabía bien lo que estaba haciendo y por eso, cuando ya estaba a punto de morir, dijo la frase que cité en el capítulo "debes perdonar": *"Padre perdónalos, porque no saben lo que hacen"*. (Lc 23:34).

> *"Padre perdónalos, porque no saben lo que hacen".*
> *(Lc 23:34).*

La verdad es que esa gente no sabía lo que hacía. De la misma forma, la mayor parte de las personas que te han hecho daño no saben lo que hacen. Si supieran las consecuencias que su propia conducta les está atrayendo, no te harían daño. Si estuvieran despiertos espiritualmente te pedirían perdón y no te perjudicarían nunca más. Quien odia, guarda resentimientos y sed de venganza solamente se hace daño a sí mismo, aunque aparentemente el mal sea para otros. La gente que participó en el juicio y muerte de Jesús no sabía lo que hacía y por eso Jesús los perdonó.

Su ejemplo de compasión ilimitados para ti y para mí, escribieron la historia de amor y perdón más grande de la tierra. Más adelante te explico para que comprendas mejor la razón de este increíble sacrificio. Mientras tanto, como nos enseñó el buen Jesús, que tu vida sea un constante amar y perdonar, de todo corazón. Por tu propio y eterno bien, recuérdalo siempre.

* Para los cristianos el Antiguo Testamento termina con la anunciación y posterior nacimiento de Jesús, el Mesías esperado por los profetas y el pueblo de Israel.

¿POR QUÉ NACISTE?

Las dos preguntas claves que nos hacemos desde que comenzamos a tener conciencia son por qué estamos aquí y por qué debemos morir. ¿Por qué naciste y para qué? Para responder a esta pregunta lo primero que vamos a hacer es fijarnos en ti. Ni tu rostro, ni tu cuerpo ni tus manos ni tus pies ni tu voz ... nada de lo que te caracteriza físicamente es igual a lo de otra persona. Tu personalidad es única también. La humanidad comparte rasgos similares y puede haber alguien muy parecido a ti, como en el caso de los hermanos gemelos univitelinos, pero nadie es exactamente igual a nadie. En otras palabras, entre las 6,525,486,603 de personas que es en lo que se estima la población mundial para el año 2006, tú eres único. Tus experiencias también son únicas, tu vida es única. ¿Qué te dice esto?

La respuesta es que eres especial para Aquel que te creó. Naciste con un propósito y por eso nada de lo que te sucede es por azar, todo tiene una explicación. Viniste a la vida equipado exactamente con lo que vas a necesitar para lograr lo que viniste a lograr. Dónde y cómo naciste, quiénes fueron tus padres, tu familia, tus amigos... todo tiene un porqué para tí. Has conocido y vas a conocer a las personas que van a ser claves en tu vida, vas a ir a lugares que tendrán un significado especialmente importante para tu desarrollo, vas a pasar por momentos que marcarán tu alma. Al final, verás que tu vida fue como un rompecabezas en el que, pieza a pieza, se fue armando una figura donde antes sólo parecía haber desorden, caos y falta de integración. Vas a entender lo que en un momento no entendiste y te darás cuenta de que todo corresponde a un plan amorosa y perfectamente diseñado para ti desde antes de tu llegada al mundo. La pregunta al porqué naciste es de carácter espiritual y por eso únicamente se puede responder a ese nivel. Con la excepción de grandes almas maestras, que vienen a la tierra a ayudar al prójimo en su proceso de evolución hacia Dios, todos los demás hemos nacido porque necesitamos aprender lecciones importantes que nos llevarán, finalmente, a ser uno con la Luz Eterna.

Al final, verás que tu vida fue como un rompecabezas en el que, pieza a pieza, se fue armando una figura donde antes sólo parecía haber desorden, caos y falta de integración. Vas a entender lo que en un momento no entendiste y te darás cuenta de que todo corresponde a un plan amorosa y perfectamente diseñado para ti desde antes de tu llegada al mundo.

Más adelante vamos a ver cuáles pueden ser esas lecciones para ti. La película "Groundhog Day", protagonizada por Hill Murray, explica el significado de la vida de una manera muy amena. Se trata de un reportero de televisión déspota y egoísta, que llega a un pueblo a filmar una noticia. Al amanecer sale del hotel y, a su paso, maltrata a algunos, ignora a unos, se muestra arrogante, impaciente e inconforme. Al llegar la noche una avalancha de nieve le impide salir del pueblo y por eso debe quedarse a dormir en aquel lugar. Sin embargo, cuando el reloj lo despierta en la mañana, el hombre se da cuenta de que está viviendo el mismo día que vivió el día anterior. La misma fecha, los mismos personajes, los mismos acontecimientos… todo se repite. En ese momento no entiende qué sucede y vuelve a salir del hotel con la misma arrogancia y mal humor que lo han caracterizado. Pero la noche vuelve y, nuevamente, la avalancha de nieve cubre las carreteras y tampoco puede salir del pueblo. Amanece lo que debería ser el tercer día y la historia se repite. El tiempo se detiene para el reportero en esa localidad, en la que se enamora perdidamente de una compañera de trabajo. Mientras cada día vive "el mismo día" anterior, su conducta comienza a suavizarse, empieza a dejar de lado el egocentrismo y a sensibilizarse ante la necesidad ajena, a tomar en cuenta a la gente que lo rodea. Comienza a darse cuenta de que dentro de él hay mucho para dar y, entonces, empieza a ofrecer amor, a ayudar y a servir a otros. Cuando logra dar este importante paso, el reloj finalmente lo despierta en un nuevo día. Tu vida y la mía son como la vida del reportero de esa película. Estamos en un proceso de aprendizaje que lleva muchos años y del que no saldremos hasta que hayamos aprendido las lecciones que debemos aprender. El sufrimiento que caracteriza a la humanidad entera tiene su origen en las razones que nos trajeron a nacer. Revisa tu vida en este momento y observa. Estás precisamente donde debes estar, puliendo tu alma a medida en que aprendes. La frase que cité anteriormente en el capítulo "No al suicidio", tomada de Mateo 5:25-26, dice: *"Si tu adversario te va a denunciar, llega a un acuerdo con él lo más pronto posible. Hazlo mientras vayan de camino al juzgado, no sea que te entregue al juez, y el juez al guardia, y te echen en la cárcel. Te aseguro que no saldrás de allí hasta que pagues el último centavo".*

De allí la exhortación de las religiones y enseñanzas espirituales milenarias para que desarrollemos las virtudes que harán grande a tu alma y la unirán con Dios. Para muchas religiones existe una sola vida, en la que debemos hacer lo mejor que podamos para luego poder ir al cielo que Dios nos tiene preparado. Para otros, sin embargo, una sola vida no es suficiente para lograr la perfección. Una sola existencia no alcanza para compensar todo el mal que hayamos podido hacer, o para superar todas nuestras imperfecciones y defectos y lograr la unión espiritual con Dios que tanto anhelamos. Una sola vida puede no ser suficiente para que un ciego pueda ver y disfrutar de las maravillas de Dios, o para que un niño que nunca llegó a nacer pueda disfrutar este hermoso planeta que Dios nos ha dado. Es necesario que exista otra oportunidad. A quienes deben aprender a ser humildes la vida los coloca en situaciones en las que la humildad es la única forma que les permite salir de ellas. Para otros la lección puede ser el amor incondicional, la compasión, la paciencia o el desprendimiento.

Por esta razón para muchos la llamada Ley de Reencarnación tiene sentido. Conny Méndez, en su libro *Metafísica al alcance de todos*, explica en palabras muy sencillas este concepto. Todos estamos en la tierra por un propósito, que no es otro que perfeccionarnos en la ley del amor, de manera que podamos regresar de una vez por todas a Dios Padre y no tengamos que morir nunca más. Este concepto no se contradice con las enseñanzas de Jesús. Por el contrario, se refuerza. Cualquier persona que se haga una con la naturaleza de Cristo no tendrá que nacer nunca más. Pablo dijo, al respecto, en Hebreos 9:27, *"Y así como está establecido que los seres humanos mueran una sola vez, y después venga el juicio"*.

En una oportunidad oí esta historia. Un hombre ciego había ido a visitar a Sai Baba, un conocido gurú en la India y le había pedido que le devolviera la vista. Sai Baba hace cosas que van desde materializar cenizas hasta resucitar muertos. Por eso este hombre fue a verlo, con la esperanza de saber lo que significa **ver**. Sin embargo, cuentan quienes estuvieron presentes en aquel momento, que Sai Baba le dijo al hombre ciego que no lo sanaría. El hombre preguntó por qué, y Sai Baba le explicó lo siguiente: en una vida anterior este hombre había sido un torturador de oficio cuyo trabajo era sacarle los ojos a los torturados. La única forma de que él supiera lo que siente alguien sin ojos era, precisamente, no tener el sentido de la vista. De esta manera, sufriendo en carne propia el dolor que él había infligido a otros, su alma aprendía la lección. La ley del karma o compensación encuentra su equivalente en las palabras de Jesús cuando dice que lo que sembremos es lo que vamos a cosechar.

La diferencia entre la historia de este hombre ciego en su interacción con Sai Baba y Jesús es que Jesús tenía y tiene el poder de perdonar los pecados y restituir las almas a su estado original de pureza y amor incondicional. Es lo que sucedió con la mujer que le lavó los pies con sus lágrimas o con tantos otros a quienes perdonó, devolvió la vista o la movilidad. En Mateo

9:2-6 hay un pasaje en el que a Jesús le llevan un paralítico. Al verlo le dice:

" -*¡Animo, hijo: tus pecados quedan perdonados!*
*Algunos de los maestros de la ley murmuraron entre ellos:
'¡Este hombre blasfema!' Como Jesús conocía sus pensamientos, les dijo:
-¿Por qué dan lugar a tan malos pensamientos? ¿Qué es más fácil decir: 'Tus pecados te son perdonados' o decir 'Levántate y anda'? Pues para que sepan que el Hijo del hombre tiene autoridad en la tierra para perdonar pecados –se dirigió entonces al paralítico-:Levántate, toma tu camilla y vete a tu casa".* Dicen que el hombre, paralítico de nacimiento, se levantó y echó a andar, maravillado del amor y el perdón de Dios. En ese momento la deuda o karma de aquel ser humano fue cancelada por Jesús. Sus "pecados" le fueron perdonados, fue hecho libre.

Pero no todas las personas que han nacido con dificultades especiales están pagando un precio por sus pecados. Hay otras instancias en las que se trata de grandes almas maestras, que encarnan con el propósito de enseñarnos a ti y a mí grandes lecciones de compasión, desprendimiento y amor incondicional. Es el caso, por ejemplo, de muchos de los niños que nacen deformes, enfermos o con síndrome de Down. El sufrimiento y dedicación de los padres, familiares, amigos e instituciones respecto a estos niños engrandece sus almas. El niño los enseña a amar sin que él o ella puedan dar nada a cambio, salvo su dulzura y amor. Su propósito es hacer que las almas de quienes los rodeen sirvan y desarrollen la compasión y la aceptación amorosa de otros seres vivientes.

En su libro titulado en español **He visto la luz** Betty Eadie ilustra de una manera hermosa esta ley de vida. También lo encontramos en el Evangelio según Juan (9:2-3) cuando, después de curar a un hombre ciego de nacimiento, los discípulos le preguntan a Jesús:

"*-Rabí, para que este hombre haya nacido ciego, ¿quién pecó, él o sus padres? –Ni él pecó ni sus padres –respondió Jesús-, sino que esto sucedió para que la obra de Dios se hiciera evidente en su vida".*

Ahora revisa tu vida. Analiza dónde radican tus principales dificultades porque esa es la clave de lo que viniste a aprender: amor, comprensión, paciencia, paz, humildad. Por eso naciste y debes pasar todas tus pruebas, de manera que tu vida no se vaya en vano. Los momentos de sufrimiento, tristeza, frustración y dolor que has pasado han tenido una razón de ser para tu propio bien eterno. Las alegrías, los éxitos y todos los momentos de paz y confort que has experimentado también son cosechas que estás recogiendo. Son el premio que Dios te permite obtener y también constituyen excelentes oportunidades para que desarrolles el agradecimiento, la comprensión, el altruismo, la bondad. Todo forma parte de un plan perfecto diseñado con infinito amor para ti por Aquel que te creó.

¿POR QUÉ TENEMOS QUE MORIR?

A la pregunta de por qué tenemos que morir Pablo responde: *"Porque la paga del pecado es muerte, mientras que la dádiva de Dios es vida eterna en Cristo Jesús nuestro Señor"* (Romanos 6:23)... ¿Qué significa esta frase, tan recitada en la mayoría de las iglesias cristianas del mundo? ¿Por qué existe la muerte y qué es lo que llaman la "Vida Eterna"? ¿Cómo se relaciona eso contigo y conmigo y con las personas a quienes conocemos, con los que ya se fueron y con los que aún están aquí?

La historia judeo cristiana relatada en Génesis dice que, en un tiempo, **la humanidad** representada por las simbólicas figuras de Adán y Eva, vivía en perfecta armonía con el Altísimo. Esas criaturas no conocían la soledad, la enfermedad ni el sufrimiento. Por eso, Dios había establecido una condición para mantener ese idílico estado de perfección: *"... Puedes comer de todos los árboles del jardín, pero del árbol del conocimiento del bien y del mal no deberás comer. El día que de él comas, ciertamente morirás"* (Génesis 2:16-17). "El Bien y El Mal" son los opuestos con los que se manifiesta todo lo que conocemos en la vida: la constante dualidad entre la noche y el día, la risa y el llanto, la vida y muerte, el nacimiento y la transformación, el ying y el yang.

La historia continúa diciendo que aquellos seres decidieron "comer del fruto prohibido", salieron <u>voluntariamente</u> de su estado de celestial existencia y comunión con el Uno Sagrado y se separaron conscientemente de Dios.

"Comer del fruto prohibido" significa que el hombre quiso conocer el mundo de la dualidad que desconocía o que ya había dejado atrás hacía mucho tiempo. Al desobedecer la orden "cayeron", optaron por vivir y morir, por la lucha que caracteriza a toda vida en la tierra. Era lo que Dios quería evitarles. Pero ellos prefirieron hacer su voluntad. En Génesis 3:16-19 leemos que Dios dijo lo siguiente: *"A la mujer dijo: "Multiplicaré tus dolores en el parto, y darás a luz tus hijos con dolor. Desearás a tu marido y él te dominará'. Al hombre le dijo: 'Por cuanto le hiciste caso a tu mujer, y comiste del árbol del que te prohibí comer, ¡maldita será la tierra por tu culpa! Con penosos trabajos comerás de ella todos los días de tu vida. La tierra te producirá cardos y espinas, y comerás hierbas silvestres. Te ganarás el pan con el sudor de tu frente, hasta que vuelvas a la misma tierra de la cual fuiste sacado. Porque polvo eres y al polvo volverás'"*.

Adán y Eva salieron de la presencia de Dios, vivieron en la tierra, tuvieron hijos y finalmente murieron. Su muerte fue a la vez física y espiritual, dejándole a sus descendientes el legado del sufrimiento y la muerte, pero también la promesa de redención que les dejó Dios.

Desde el infortunado momento de la caída **la comunicación directa del hombre como humanidad y Dios quedó interrumpida**. Fuimos "expulsados del paraíso", lo que equivale a decir que salimos del nivel de vibración espiritual de luz pura en la que nos encontrábamos a la pesada densidad de tercera dimensión, a la oscuridad e ignorancia.

En la religión judía los llamados "Sumos Sacerdotes" eran los únicos que podían acercarse al altar y a los lugares sagrados. Solamente unos pocos iniciados tenían acceso el Altísimo y quienes morían no podían entrar en los recintos sagrados de Dios, llamados también cielo o paraíso. En el Antiguo Testamento los hombres clamaban a Dios sabiendo que su destino al morir era incierto. Muchos hablan de ir al "sepulcro", otros del "Seol" o "Hades" y otros hablan de "reunirse con su pueblo". Encontramos lecturas como estas: *"Los lazos de la muerte me enredaron; me sorprendió la angustia del sepulcro (séol), y caí en la ansiedad y la aflicción"* (Salmos 116:3). *"Entonces Jonás oró al Señor su Dios desde el vientre del pez. Dijo: "En mi angustia clamé al Señor, y él me respondió. Desde las entrañas del sepulcro pedí auxilio, y tú escuchaste mi clamor".* (Jonás 2:1-2). *"Abraham vivió ciento setenta y cinco años, y murió en buena vejez, luego de haber vivido muchos años, y fue a reunirse con sus antepasados".* (Génesis 25:7-8). *"Isaac tenía ciento ochenta años cuando se reunió con sus antepasados"* (Génesis 35:28). *"Cuando Jacob terminó de dar estas instrucciones a sus hijos, volvió a acostarse, exhaló el último suspiro, y fue a reunirse con sus antepasados"* (Génesis 49:33).

Nadie hablaba de entrar ante la presencia de Dios. La humanidad de entonces sabía que el alma del hombre común que moría entraba en una especie de plano intermedio cubierto por un velo, **donde permanecería hasta que llegara el Mesías o salvador prometido.**

Por alguna razón misteriosa la vida de las religiones ligan la muerte, el sacrificio y la sangre con el proceso de purificación y, de acuerdo a las escrituras judeo cristianas, la única manera de construir de nuevo el puente de comunicación y acceso a Dios era a través del sacrificio humano de alguien que se entregara por todos, para pagar la deuda eterna que nos separaba del gozo de Dios al morir.

La sangre es, en sí misma, la vida y desde principios de la humanidad vemos cómo se le han ofrecido vidas y sangre a la divinidad, tanto a los dioses llamados "paganos" por la religión judeo cristiana como al propio Dios de los judíos, a quien se hacían holocaustos de aves y corderos. Hay incluso en la Biblia un pasaje en el que a Abraham Dios lo pone a prueba pidiéndole el sacrificio de su hijo Isaac. El relato no dice que Abraham se extrañara de la petición, ni siquiera que la cuestionara. La lectura dice que Dios dijo así: *"Toma a tu hijo, el único que tienes y al que tanto amas, y ve a la región de Moria. Una vez allí, ofrécelo como holocausto y, junto con dos de sus criados y su hijo Isaac, se encaminó hacia el lugar que Dios le había indicado".* (Génesis 22:2-3).

Da a entender el relato que era de esperar, entonces, que incluso el sacrificio humano fuera considerado por esas gentes como un medio de agradar a Dios, o de compensar por faltas. Ofrendas de animales y sangre de cordero... La sangre como elemento vital es el ofrecimiento de la vida a la deidad, el sacrificio de lo más valioso que tenemos mientras estamos en la tierra, que es la existencia física. Eso se ofrenda como regalo, como pago o retribución. Una cita de Pablo en el Nuevo Testamento dice: *"De hecho, la ley exige que casi todo sea purificado con sangre, pues sin derramamiento de sangre no hay perdón."* (Heb. 9:22). La falta del hombre debía ser redimida por el mismo hombre. La humanidad debía regresar a Dios, pero alguien debía pagar la deuda por todos. El pueblo judío, conocedor de la historia del hombre sobre la tierra, fue el encargado de prepararse espiritualmente para guiar a los otros y esperar la llegada de aquel salvador que abriría de nuevo las puertas de la comunicación con el Altísimo. Muchos esperaron por muchos años y muchos aún esperan a que llegue ese Mesías salvador.

Sin embargo, el Mesías esperado llegó de acuerdo a las profecías, encarnado en un hombre llamado Jesús de Nazaret. La discusión teológica acerca de él gira en torno a si Jesús fue un hombre que evolucionó hasta lograr la perfección, hacerse uno con la Presencia única o Dios, o si, por el contrario, fue un desprendimiento del mismo Dios que encarnó entre nosotros para enseñarnos lo que aún no hemos aprendido, que es la ley universal del amor. Pero esa discusión realmente no importa, porque se queda a nivel intelectual y humano. La realidad es mucho más profunda y trascendente.

Jesús nació del pueblo judío. Se hizo maestro de la ley y vivió una vida santa. Es el único ser que ha alcanzado la evolución completa y el único que logró expresar la verdadera naturaleza de Dios. Por encima de la dualidad del bien y el mal, se hizo uno con el Uno Santo. De allí las palabras citadas por los evangelios: *"... Mientras estaba aún hablando, apareció una nube luminosa que los envolvió, de la cual salió una voz que dijo: 'Este es mi Hijo amado; estoy muy complacido con él. ¡Escúchenlo!'"*. (Mateo 17:5)

Y fue él quien decidió asumir el papel de ese "cordero" que moriría por todos nosotros. Cuando cenó con sus discípulos por última vez les dijo: *"...Esto es mi sangre del pacto que es derramada por muchos para el perdón de pecados"* (Mat. 26:28). Vivió para enseñar una doctrina basada en el amor puro e incondicional, hizo lo que tenía que hacer y luego se entregó a su destino. Pagó el precio más alto por toda la humanidad al dar su propia vida por amor para nuestra redención. Por eso dijo: *"Nadie tiene amor más grande que el dar la vida por sus amigos"* (Juan 15:13).

Mateo (27: 50) dice que, al morir Jesús, *"... la cortina del santuario del templo se rasgó en dos, de arriba abajo"*. Es un símbolo de cómo también se rasgó el velo que separaba a la humanidad de Dios. Cuando Jesús resucitó regresó su alma y reestableció la conexión con su cuerpo físico, después de entregarle a Dios Padre la ofrenda final de su sacrificio. Volvió a la tierra y aún aquí continuaba su proceso de transformación. Es por eso que en un momento en que se le aparece a María Magdalena él le dice: *"Suéltame, porque todavía no he vuelto al Padre. Ve más bien a mis hermanos y diles: 'Vuelvo a mi Padre, que es Padre de ustedes; a mi Dios, que es Dios de ustedes"* (Juan 20:17).

Con su muerte y resurrección Jesús le devolvió a la humanidad la herencia divina perdida y, gracias a El, todos pudimos tener de nuevo acceso directo a Dios. El abrió la puerta para que desarrolles tu espiritualidad en vida y, al morir, tengas la posibilidad de llegar al llamado reino de Dios. De allí que el propio Jesús haya dicho: *"Yo soy el camino, la verdad y la vida. Nadie viene al padre sino por mí..."* (Juan 14:6)

> *"Nadie tiene mayor amor que este, que uno ponga su vida por sus amigos" (Juan 15:13).*

Como recordatorio leemos en el Evangelio según Juan esta impactante frase: *"Porque tanto amó Dios al mundo, que dio a su Hijo unigénito, para que todo el que cree en él no se pierda, sino que tenga vida eterna"* (Juan 3:16). Fíjate que dice *"todo aquel que en él cree"*. No hay excepciones. El regalo de la vida eterna es para ti y para mí, para todo el que quiera recibirlo. "Vida eterna" significa ser, como Jesús, uno con el Altísimo, no morir nunca más.

FELIZ VIAJE HACIA LA ETERNIDAD

Ahora ya estás más preparado para morir. Ya sabes las etapas por las que vas a pasar y sabes que "alguien" revisará contigo lo que has hecho con este tiempo y esta oportunidad que se te dieron. También sabes que lo que venga para tí después de dejar la tierra dependerá de tus decisiones aquí y ahora. Sabes que estás perdonado desde el mismo instante en que, de corazón, pides perdón y que el camino a tu bendición eterna, después que mueras, es que **ames mientras estás vivo y creas.**
Ama, sirve y agradece a Jesús por siempre el que te haya abierto las puertas de las moradas sagradas con su sacrificio y resurrección. El te dejó su vida como ejemplo para que puedas seguirlo.
La vida es hermosa y la tierra es un bello planeta que se te dió para que lo disfrutes. Hazlo. Vive hoy, disfruta hoy, sé feliz mientras ayudas a otros en su caminar por este mundo. Acuérdate siempre del impacto que cada cosa que hagas, digas o dejes de hacer, tendrá sobre otros. Con la mirada puesta en Dios y en la meta hacia la cual te diriges cada día, haz de tu existencia una experiencia de paz.

> *Voy a prepararles un lugar. Y si me voy y se lo preparo, vendré para llevármelos conmigo. Así ustedes estarán donde yo esté. Ustedes ya conocen el camino para ir adonde yo voy"* (Juan 14:1-4).

Recuerda el mensaje que te dejó Jesús: *"En el hogar de mi Pa-*

dre hay muchas viviendas; si no fuera así, ya se lo habría dicho a ustedes. Voy a prepararles un lugar. Y si me voy y se lo preparo, vendré para llevármelos conmigo. Así ustedes estarán donde yo esté. Ustedes ya conocen el camino para ir adonde yo voy" (Juan 14:1-4). Recuerda que El te espera.

Que el Dios de bien, paz y amor, como quiera que lo concibas, te bendiga y acompañe por siempre. Feliz viaje por la vida, feliz viaje hacia la eternidad.

REFERENCIAS BIBLIOGRAFICAS

Besant Annie (1985). *La sabiduría antigua*. Barcelona: Torema.

Cabrera Ronny (1998). *Escape del Infierno*. Miami: Unilit.

Chick, J. (1977) "The gift". The crusaders, Vol. 8. Chino: Chick Publications.

Eadie, Betty (1994). *He visto la luz*. Barcelona: Grijablo.

Méndez, Conny. (1977) *Metafísica al alcance de todos*. Caracas: Bienes Lacónica.

Moody, Raymond (1985). *Vida después de la vida*. Madrid: Edad.

Quintero, Lulula y Boersner, Doris (1996) *La persona más importante de tu vida eres tú*. Tercera edición. Caracas: Disinlimed.

Smith Jayne (1987) "A moment of truth" video en "Near-Death Experiences & the Afterlife". Kevin Williams's web page © 2006.

Storm, Howard (2005) *My descent into death: a second chance at life*. USA: Doubleday en Williams, *Nothing better than death*. Philadelphia; Xlibrix Corp.

Kevin Williams's web page © 2006 "Near-Death Experiences & the Afterlife".

Stuart Linda (2006) en Williams, Kevin *Nothing better than death*. Philadelphia; Xlibrix Corp. Kevin Williams's web page © 2006 "Near-Death Experiences & the Afterlife".

Williams Kevin (2006). *Nothing better than death*. Philadelphia; Xlibrix Corp.

World (1970). *The New World Concordance to the New American Bible*. USA: Stampley Enterprises.

La Santa Biblia (1999). Nueva versión internacional. Colorado: Internacional Bible Society.

Sagrada Biblia (1958). Versión castellana del Ilmo. Sr. Torres Amat. New York: Grolier Society, Inc.

Dirección de correo electrónico Yezid González: *yanukauno@yahoo.es*